Econo-Globalists 21

「トランプ暴落」前夜

破壊される資本主義

Trump Catastrophe

副島隆彦
Takahiko Soejima

祥伝社

「トランプ暴落」前夜

予言 大恐慌突入＝預金封鎖は6年後の2024年に起きるだろう

中国 習近平		米国 トランプ	ロシア プーチン
	2017年		
次の5年で10年	2018	リーマンショックから10年	大統領選挙 3月 
	2019		
	2020	次の大統領選挙（投票は11月）	任期6年間
ところが	**2021**	ドル体制の弱体化が起きる	
習近平3期目さらに5年やる	2022		
	2023	大統領選挙始まる。次は誰でもいい	
ここで中国はデモクラシーに変わる	**2024**	トランプおわり	プーチンおわり
	2025	この年に世界大恐慌	
	2026	**預金封鎖**	
習近平おわり	2027	ドル体制の崩壊	

写真／ゲッティ＝共同（トランプ）

まえがき

嵐の前の静けさである。

本は、その最初に一番重要なことを書かなければいけない。それは結論でもある。アメリカの大学の論文の書き方指導《ライティング》では、「一番大事なことを頭《あたま》に書きなさい」と教える。だから私も、この本の初めを大事なことから書いて読者に伝える。

年内は、株価も他の金融市場も大きくは崩れない。10月10日からのNY《ニューヨーク》ダウの下落で日本も下げた。が、間もなく戻した。年明けの２０１９年1月から崩れるだろう。それでもまだ大した株の崩れ、大暴落ではない。その次の年の２０２０年が米大統領選挙の年である。その翌年、２０２１年が危ない。

そして、その先、**今から6年後の２０２４年に、株価が大暴落を起こして、世界は大恐慌に突入するだろう。その年に、日本でも預金封鎖《よきんふうさ》が断行される。**

前のＰ３の表に、これらのことを書いた。今後の世界の動きを、このように予言（予測）して私が作成した年表である。今年（２０１８年）から10年後の２０２７年までを、この表で時系列に並べている。

なぜ私が２０２４年を大恐慌突入の年とする、と決めたか。

それはアメリカのドナルド・トランプ大統領が、この年に任期を終えるからだ。２０２４年は、トランプの2期目4年の最後の年である。このときトランプは、もうすべての方策が尽きて、どうしようもなくなる。このころからヨーロッパ諸国を初めとして、世界中で金融危機が起こる。先進国の諸国の財政が破綻《はたん》し、崩壊してゆく。当然、日本もこれに含まれる。

トランプは1期目4年の終わりの年である、今から2年後の２０２０年11月の大統領選挙に勝つだろう。そして次の4年（2期目）を務《つと》める。そのときには、トランプは「もう俺は好きなようにやる」と居直る。それでも次から次へと起こる難事、難題を処理することだけで手一杯となる。攻めの政治（それまでに蓄《たくわ》えた政治資源に頼る）が、もうできなくなって、守りの政治になる。トランプはボロボロになって、２０２４年になると「俺はもう知らん。どうにでもなれ」と責任を回避する。その次の大統領が誰になるか、まだ分からない。だが誰が次の大統領になっても、アメリカの国力の大きな低下と衰退は止められない。

〝リーマン・ショック〟から10年である。

あのときは深く仕組まれていたとおり、ジョージ・ブッシュ（アホ息子のほう）大統領の最後の年であり、黒人のバラク・オバマが大統領として現われた。それが〝9・15リーマン・ショック〟の始まりであり、大統領選挙はその２カ月後の11月３日であった。

これらの動きは大きく仕組まれているのだ。私は当時、このことを予言（予測）して当てた。知っている人は、みんな知っている。

まさにあのときと同じように、次の時代の大きな図式がつくられてゆく。その年が２０

２４年である。

トランプは2期8年で、それ以上はもう出られない（任期は２０２５年1月まで）。「あとは野となれ山となれ」“Après《アプレ》 moi,《モワ》 le《ル》 deluge《デリュージュ》”である。


トランプなりには、あれこれ努力して頑張った、となる。

それでもアメリカ帝国は、もうどうにもならない状況に落ち込んでゆく。

「だけど俺は、大《だい》戦争（ラージ・ウォー）だけはしなかったからな」というのが、最大の言い訳となるだろう。トランプは根《ね》っからの商売人であるから、なんとかかんとか諸外国を虐《いじ》めまくって、世界中から資金を奪い取り、自国民（アメリカ国民）の利益になるように、最大限の人気取りの政治をやり続ける。これが「アメリカ・ファースト！」America First!　自国民優先主義である（✕アメリカ第一主義は誤訳。意味不明）。「（諸）外国のことなんか知ったことか。俺はアメリカだけの大統領だ」である。


それでも。

アメリカ政府（アメリカ財務省とＦＲＢ《エフアールビー》）が秘密で抱え込んでいる、裏《うら》帳簿（オフ・

ブック off book ）の財政赤字が、どうしようもないくらいに巨額（60兆ドル　7000兆円）になっている。連邦《れんぽう》政府（Federal《フェデラル》 Government《ガヴァメント》　ワシントンの中央政府）の分だけで、これだけある。他に50州と40の大都市の分が隠れている。それと、健康保険と年金だ。これらの真実が外側に露出し露見して、巨大な危機が起きるだろう。同じ先進国であるヨーロッパ（EU《イーユー》）のほうがもっとヒドい。

日本だって同じだ。日本政府も同じく、アメリカへの巨額な貢《みつ》ぎ金（上納金《じょうのうきん》）。すでに1400兆円）を含めた隠れ財政赤字が原因で、大きな経済変動が発生する。それはもはや従来のような金融危機ではなく、財政危機（ファイナンシャル・クライシス financial crisis ）である。

もしかしたら、それは財政崩壊《ほうかい》（ファイナンシャル・カタストロフィ financial catastrophe ）にまで至る。これは、アメリカの巨額の隠れ財政赤字を元凶とする、世界的な大恐慌突入と軌《き》を一《いつ》にしたものとなるだろう。それまで、あと6年である。

私はこれまでどおり、金融予言者としての自覚と自信を持って、自分の人生で残り最後の大きな知識・言論の闘いを推《お》し進めてゆく。私の言うこと（書くこと）に耳を傾《かたむ》けてくれる人たちでいい。本気で自分の財産（金融資産）を守りたいと思う人は、私の主張に注目してください。

副島隆彦

「トランプ暴落」前夜――目次

2章

アメリカ「貿易戦争」の正体　57

3章

2024年の大恐慌に向けて世界はこう動く

5章

近づく国家財政破綻

巻末特集

産業廃棄物と都市鉱山
推奨銘柄25

装丁／中原達治

1章　2019年の「トランプ暴落」

今の株高は人工的に吊り上げられている

あの〝リーマン・ショック〟が起きて、10年が経《た》つ。今からちょうど10年前の2008年9月15日に、NY《ニューヨーク》発の巨大な金融危機が起きた。私は、このとき、自分の金融本である『恐慌前夜』（2008年9月5日発売、祥伝社刊）をリーマン危機の前に出した。この本で次のように書いた。

「……証券会社大手のメリルリンチ Merrill Lynch もリーマン・ブラザーズ Lehman Brothers も消えてなくなる」と書いた（178ページ）。

この『恐慌前夜』が書店に並んで10日後に、メリルリンチとリーマン・ブラザーズは見事に経営破綻《はたん》した。世界金融危機（ファイナンシャル・クライシス financial crisis ）が、あのとき起きたのだ。まさしく、あれから10年である。

次のトランプ暴落は、来年、2019年の1月あたりであろう。だからこの本の書名を『「トランプ暴落」前夜』としたのである。

お前は、なんとおかしいことを言うやつだ。株価はどんどん上がり続けているではない

“トランプ暴落”（アメリカの株価崩れ）は2019年1月であろう

NYダウ2年間

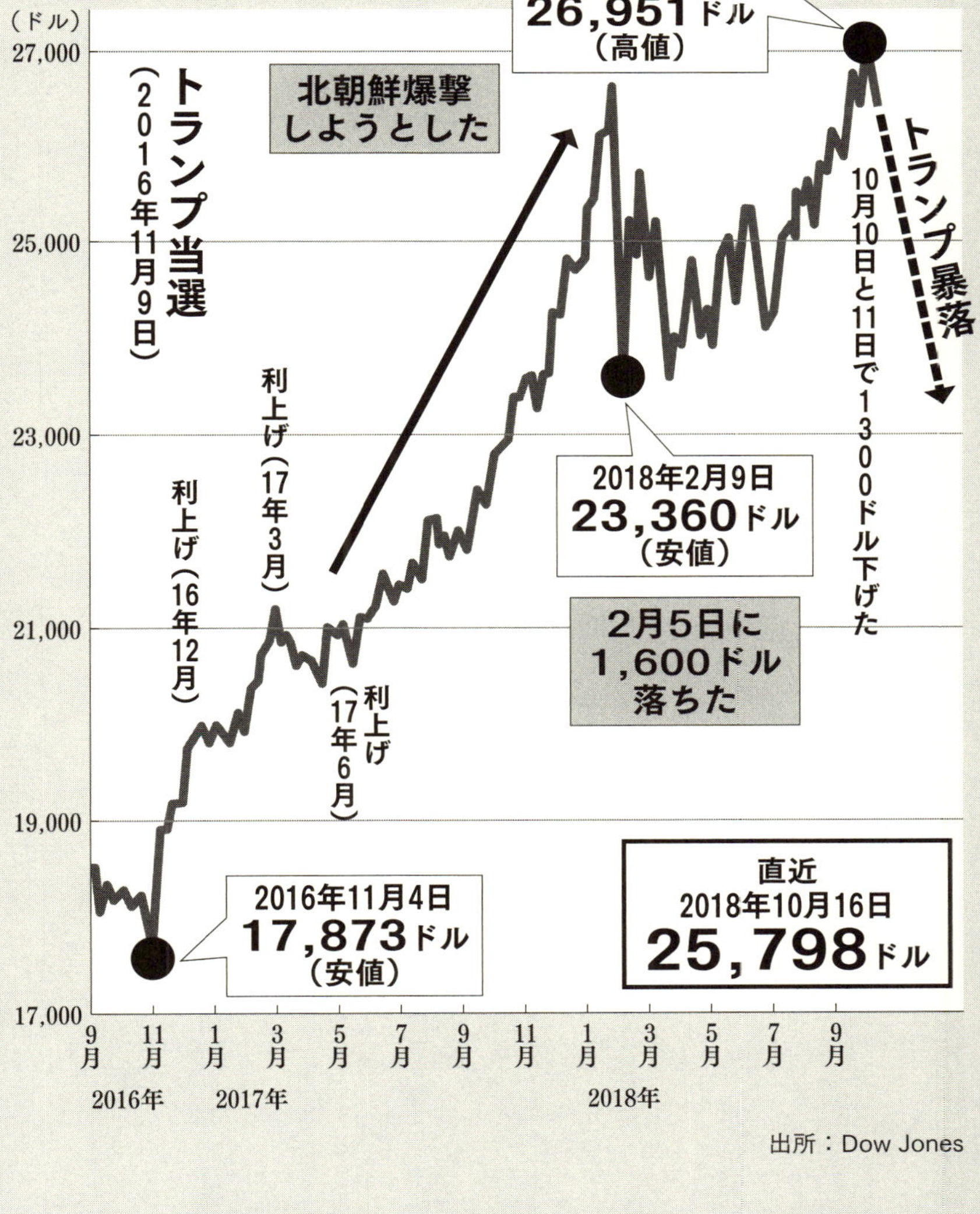

出所：Dow Jones

か。だから、アメリカも日本も景気がいい。そうでないのか？

と、私を批難する人がいるだろう。私はその人たちに対しても、敢然《かんぜん》と反論する。あなたたちは、このまま株価が上がり続けると思っているのか。そして自分の投資が儲かり続けると思っているのか。本気でそんな考えに浸《ひた》っているとしたら、あなたは必ず、また、して、も、大損をさせられるだろう。何回、失敗したら分かるのだ。

今の「トランプ相場」は、計画的につくられた株価であり、人工的に吊《つ》り上げられているのだ。そう思いませんか。株価はアメリカも日本も政府によって、いいように操作されている。

こういうことは私しか言わない。他の金融業界の専門家たちは、みんな株価は市場で公正な取引（売買）に基づいて需給関係から市場価格として決められると思っている。そんなことはない。ここで「あ、待てよ」と、自分に注意力を喚起《かんき》する能力のある人が、優れた人間だ。大きな仕組みに騙《だま》されない人である。

これらのことを、縷々《るる》本書で詳しく説明し、解説してゆく。

リーマン・ショックのときの日経平均とNYダウの値動き

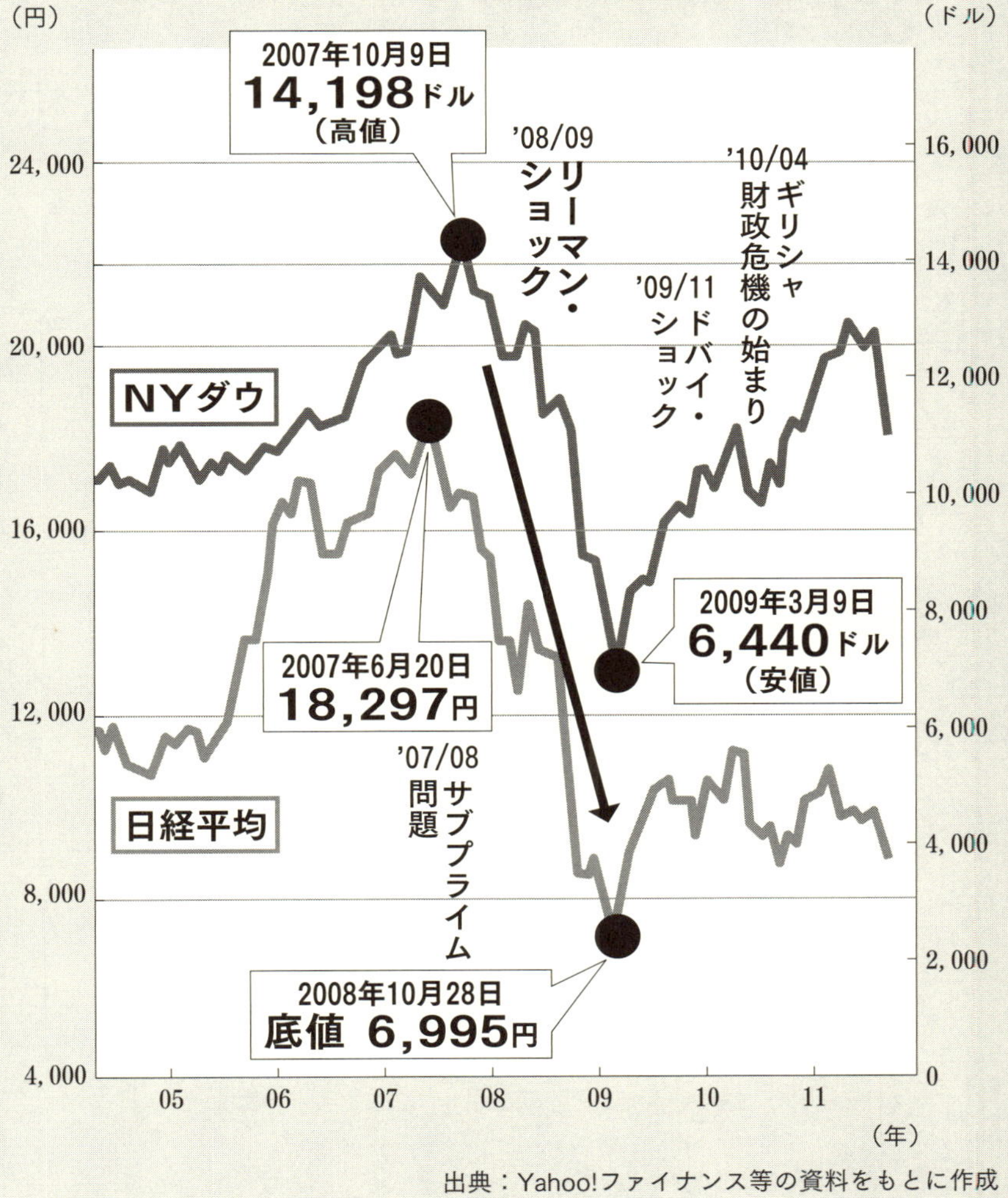

出典：Yahoo!ファイナンス等の資料をもとに作成

●なぜ私は〝リーマン・ショック〟と〝オバマ当選〟を当てたか

不思議なことに、リーマン・ショックが起きた2カ月後には、大統領選挙でバラク・オバマが当選した。

私は、オバマという黒人で新人が、登場して当選するのだという予言をしていた。当時の数冊の本に書いた。そして予言を当てた。だからリーマン・ショックも、大きくは計画的に引き起されたものである。もう、あのころには景気（経済）を大きく崩すしか他に手がなかったのだ。

あのときのアメリカの大統領は、ジョージ・ブッシュ（息子のほう）であった。政権の末期で、もうブッシュには何の力もなかった。リーマン・ブラザーズは、見捨てられて救済されなかった。その他の大銀行・証券会社・生保も軒並《のきな》み一瞬、破綻した。

このことは、「あれから10年」特集で、当時のリーマン・ブラザーズやゴールドマン・サックスの副社長クラスの人間たちが証言している。「当座の資金の余裕が我が社にはあった。それなのに無理やり破綻させられた」と、ぶつぶつと不平と恨《うら》み言を言っている。だから今回も数年後には、大きな信用不安が起きて、「金融危機から財政崩壊へ」とつながるだろう。

当時のNYの金融大法人は、一斉にアメリカ政府によって救済された。財政資金（政府のお金）が投入されたのである。緊急事態だとして救済された。NY《ニューヨーク》ダウはガラガラと崩れて1万ドルを割った。リーマン・ブラザーズが破綻して2カ月後の2008年11月20日には、7552ドルまで落ちた。今の2万6000ドルという、バカみたいに嵩上《かさあ》げされて膨《ふく》らまされた株価と比べてみてください。

さらにNYの株価の下落は続いて、その次の年（2009年）の3月9日には、6440ドルのドン底値をつけた（これが近年の歴史上の最安値である）。日本の株価も6995円（2008年10月28日）になった。その前の高値は1万8000円台であった。実に3分の1にまで大暴落したのだ。（P23のグラフを参照）。今から考えれば信じられないことである。

彗星《すいせい》のごとく登場したオバマという男による政権は、待ってましたとばかりにブッシュの尻拭《しりぬぐ》いをして、金融危機対策（＝金融政策）と景気刺激策（＝財政政策）を断行、実施した。ということは、2024年にも、トランプ政権の末期に同じような巨大な金融危機（大恐慌への突入）が起きるのである。

もしかしたら、その大《だい》金融危機が早くも2020年には起きるのではないか、と早めに危惧して騒ぎ出す人々が出てくるであろう。金融の専門家を自称する人々ほど、2020年危機を煽《あお》って世の中の不安をかきたてるだろう。たしかに株価の暴落は何度か襲いかかってくる。だが、それらに今のトランプ政権なら、果敢に早急に対処するだろう。しかし、「外国のことは知ったことか。自分の国（アメリカ）で精一杯だ」というのがトランプたちの冷酷な態度だということを私たちは忘れるべきではない。

●米ドル基軸通貨体制の終わり

あのときのオバマ政権がやった緊急の政策は、TARP《タープ》（Troubled《トラブルド》 Asset《アセット》 Relief《リリーフ》 Program《プログラム》 不良資産救済プログラム）というNY大手金融機関の一斉の救済策だった。たとえばシティグループ（シティバンク）に450億ドル（当時で4兆円）、AIG《エイアイジー》に698億ドル（6・3兆円）とかの公的資金が投入された。その総額は7000億ドル（70兆円）であった。この他に景気対策で、真水《まみず》で総額7870億ドル（80兆円）という財政資金が投入された。合計で1・5兆ドル（150兆円）だ。しかし本当は、その約10倍の20

兆ドル（2000兆円）が投入されたのだ。
なぜなら、1999年の日本の金融危機（銀行群の連鎖倒産）のときに、日本は合計140兆円（1・4兆ドル）を投入している。それから9年後に起きたのが〝リーマン・ショック〟だから、前述した1・5兆ドルなどで済んだはずがない。やはり10倍の20兆ドル、2000兆円が投入されたのである。

6年後の2024年にも、〝リーマン・ショック〟のときと同じように、大きな景気の変動が起きるだろう。それは単なる金融危機では済まなくて、政府のお金まで巻き込んだ財政破綻、財政崩壊であろう。

前述したが、トランプは「もう私の手には負えない」という態度に出る。そしてその次の米国大統領が誰になるかまだ分からない。が、誰になっても、この世界恐慌（ワールド・デプレッション）に必死で対応しなければいけない。しかし、もうそのときには、アメリカ〝帝国〟の力は衰《おとろ》えていて、アメリカによる世界一極支配は終わる。米ドルを基軸通貨（キー・カレンシー）とする世界の経済体制は終わってゆく。
2008年9月のNY発金融危機の原因は、リーマンを破綻させたうえでアメリカ政府が「市場経済に基づく資本主義社会であったら、やってはいけないこと」をやってしまったからだ。NYのすべての金融機関（大《だい》金融法人）を政府の資金で救済したからである。政府の資金などというものが、どこから自然に湧《わ》いて出たかのようにして使われた（投入された）か、が問題なのだ。あのとき民間部門が抱えていた毒《どく》が、国家・政府という公的部門に移ったのだ。だから国の体中に毒が回った。

いくら政府だからといって、打ち出の小槌《こづち》や金のなる木、今のコトバで言えばおサイフケータイがあるわけではない。あれらの緊急の救援資金は、政府が中央銀行とグルになって、違法行為と知りつつ、実体、裏付けのないお金を作《つく》って投入したのである。だからそれが毒だ、と私は言うのだ。

国家体制のあり方というものを、まともに考える能力のある人なら、あれは違法行為であったと知っている。欧米白人たちは近代人（モダーン・マン）であるから、重々《じゅうじゅう》知っている。日本人のように「お上《かみ》のやることだから」では済まないのだ。法律をつくって、やったからそれでいいのだ、というのは居直りである。

「あのときは、ああするしかなかったじゃないか」と言う人は、後講釈《あとこうしゃく》の現状追認人間だ。いつでも自分は〝勝ち組〟で、親方日の丸で、保守党の政府に従ってさえいれば自分

アメリカの長期金利
（10年もの米国債。2年間）

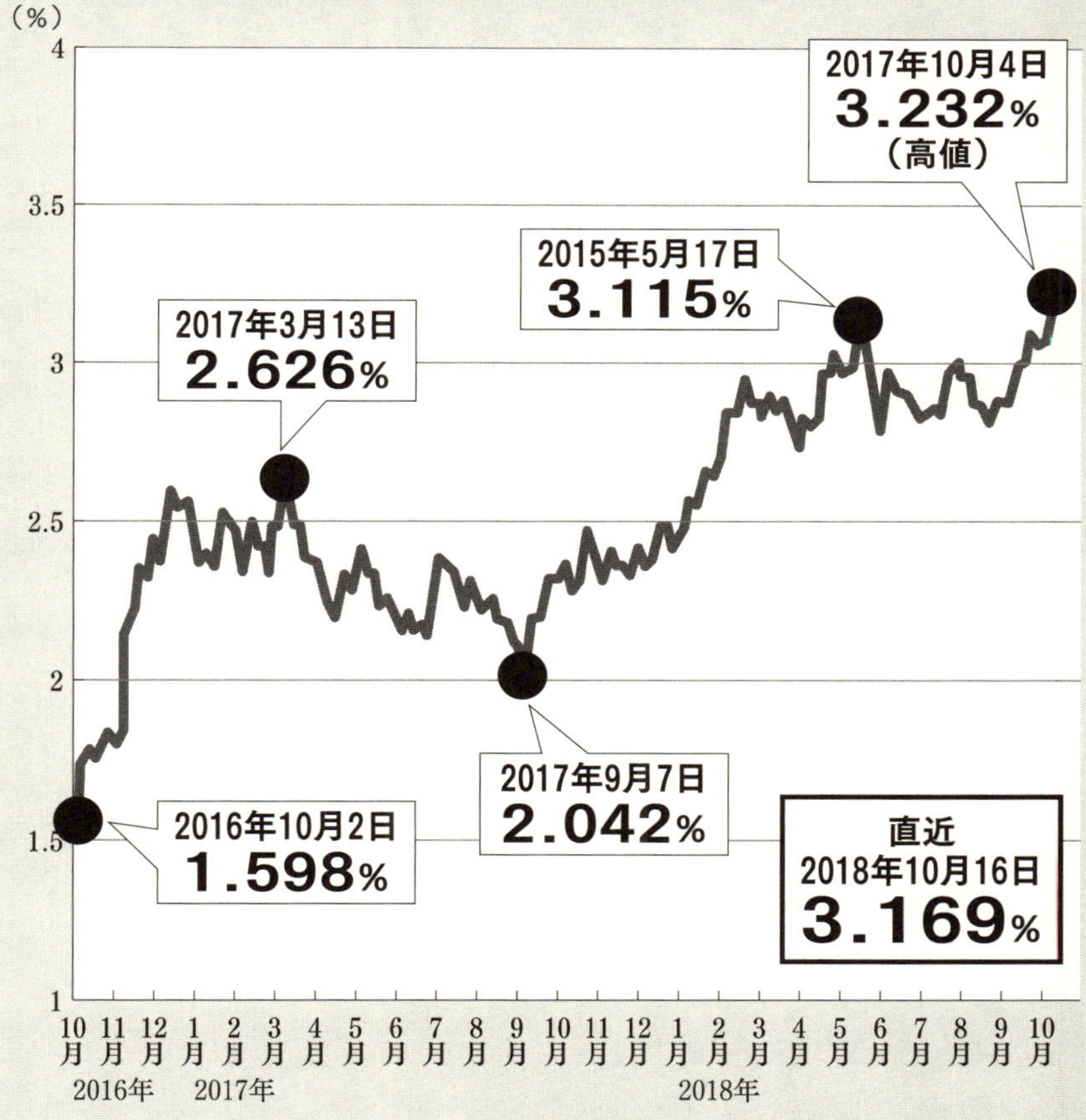

出所：米財務省、FRB他の時系列データから作成

米国債10年ものの利回りは、10月4日に一時、3.232％にまで上昇した（終値は3.187％）。ジェローム・パウエルFRB議長の手堅い政策金利上げ政策が成功したかのような論調が、急激に変わった。金融市場全体が、国債暴落（金利の急騰）の危機に怯《おび》え始めている。

の財産も守れると思っている人々だ。私は不愉快だが、この人々に対しても「用心しなさい」と注意を促《うなが》す。世の中は多くの騙《だま》しと仕掛けと、策略に満ちているのである。大損をしたくなかったら、今のうちからやがて襲いかかってくる危機に備えてください。他人《ひと》のためではない。自分のために、だ。

跳ね上がった日米の長期金利（国債利回り）

この10月に、債券市場（ボンド・マーケット）が動揺を始めた。アメリカと日本で長期金利（債券の利回り）が急激に上昇した。金融市場の専門家たちが、財政破綻、財政崩壊の話をボソボソとし始めている。

アメリカの長期金利の指標となる10年もの米国債の利回り《イールド》が、10月4日に3・23％をつけた。P29のグラフのとおりである。その前の日までは、ＦＲＢ（米連邦準備制度理事会）のジェローム・パウエル議長の手堅い金利政策を市場が評価していた。ところが、その論調がガラリと変わった。ＦＲＢ（パウエル議長）は、9月26日のＦＯＭＣ《エフオウエムシー》（米連邦公開市場委員会）で、政策金利＝短期金利（の誘導目標）を、それまでの1・75％～2％か

FRBは政策金利（短期金利）を3%台まで上げたい

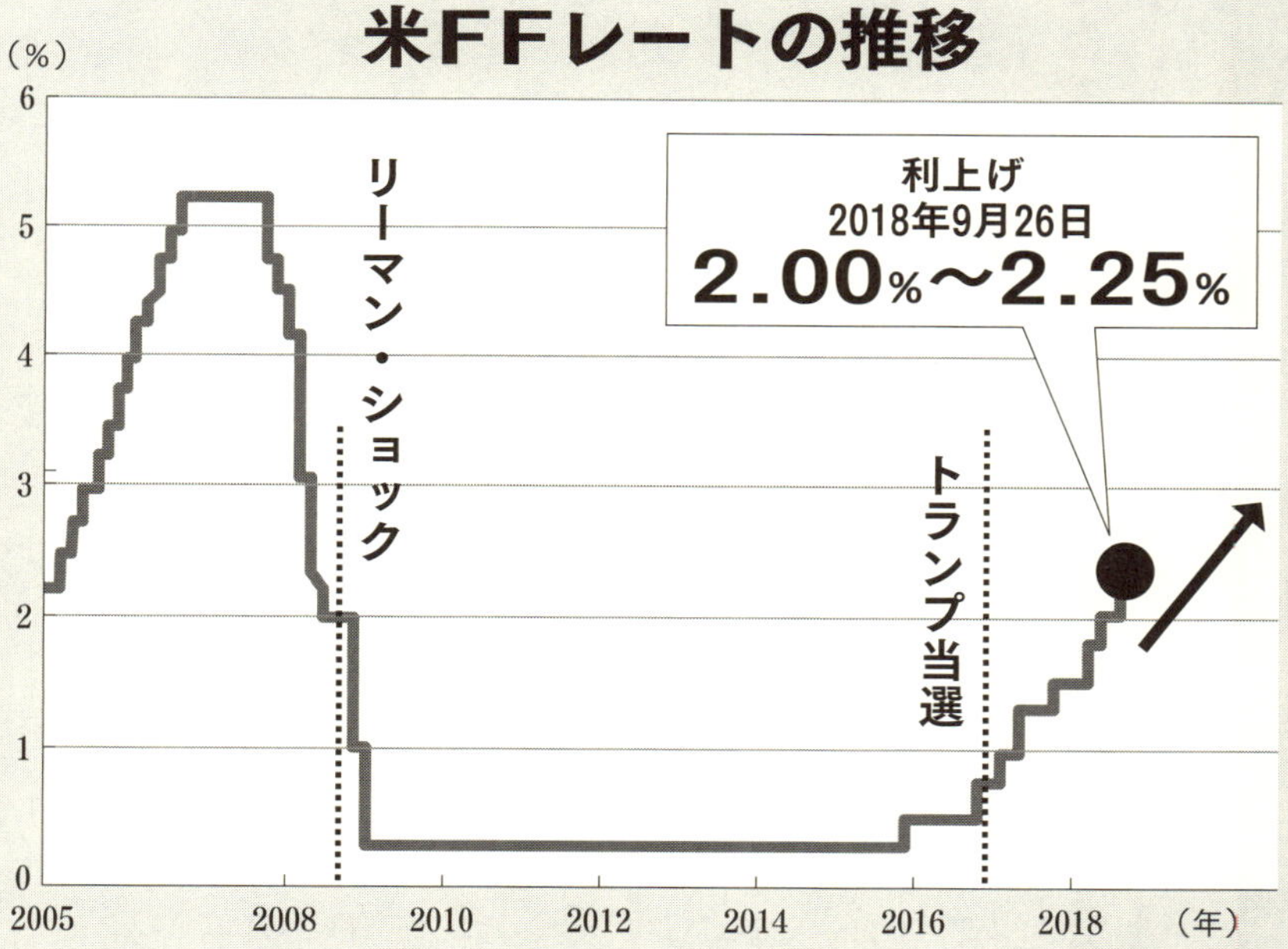

EPA＝時事

2018年2月にFRB議長に就任したジェローム・パウエルは、政策誘導金利（FFレート）を0.25%ずつ引き上げて、9月26日のFOMCで2.25%にした。2020年に3.5%にまで上げることを目標にしている。

この緩やかな引き上げを、市場は「手堅い金利政策」と評価した。トランプは利上げに反対だ。が、あまりFRBに口出ししたくない。

ら2％～2・25％へ引き上げていた。アメリカの政策金利が2％を超えたのは、〝リーマン・ショック〟以来の10年ぶりのことである。

パウエル議長は、FOMCの後の記者会見で**「（利上げのペースは）2018年にもう1回。2019年に3回。2020年に1回である。2021年は利上げしない」**と明らかにした。つまり政策金利（＝FFレート）を0・25％ずつ5回上げる。0・25×5＝1・25で、これを、今の2％～2・25％に足すと、上限は3・25％～3・5％となる。ここまでは何としても、利上げ路線（金融の引き締め。タカ派の立場）を続けたい。果たして、この3％台まで行けるか。ヒヤヒヤものであろう。

「2021年には、もう利上げなし」の発言で、金融市場は先の見通しとした。これで市場関係者は「米景気は底堅い。景気は順調なのである。そのことを金融政策の元締めであるFRBが認めた」と考えて一安心した。これが、いわゆる適温《てきおん》経済（ゴルディロックス相場）である。

だからアメリカ経済は、デフレ経済からの脱出をして、成長路線（トランプ政権が言い続けている年率4％の成長に乗っている）とみんなが考えた。パウエル議長の緩《ゆる》やかな政策金利上げ政策は順調に進んだと反応した。

ところが、ここで心配事が起きた。前述したように、10年もの米国債の利回り（長期金利）が10月に3・23にまで跳ね上がった。この微妙な動きに、市場から不安の声が上がり始めた。「これは米国債の暴落の始まりなのではないか」と。もう一度P29のグラフを見てほしい。

各国の長期金利（国債の値段）は、ブラジルやフィリピンなどが8％から上に行って、ギリシャでもようやく5％ぐらいを維持している。ロシアでもそうである。これらの金融不安国での国債利回りは、年率10％を超えないかぎり、破綻国（外国からの信用がゼロ。誰もそんなもの欲しくない）にはならない。

それでも先進国の代表であるアメリカの国債値段が、このまま下落（長期金利の上昇）すると、世界的な信用不安が起きてくる。今の状態はリスク・オン risk on である。これを市場が回避して、リスク・オフ risk off に動くと、株式市場が下落を始める。ここまで書いてきたとおり、トランプNY株式市場はインチキの吊り上げ相場である。これがいつハジけ飛ぶかの問題だ。それを私は来年1月と予測している。

このときにFRBが、まずしっかりと米国債の価格（長期金利）を管理できないと大変なことになる。現在は、FRBは毎月のように500億ドル（5・5兆円）ずつどんどん市場に売却している。これをもって「アメリカ政府の財政健全化」ならぬ、FRB自身の「ボロクズ米国債の買い込みをやめる、健全化路線」と言うべきであろう。これだけで、1年間で6000億ドル（70兆円）の体質改善（有毒なサプリメントの摂《と》り過ぎをやめること）をして、スリム化を達成しようとしている。

●恐ろしいジャンク・ボンド市場

本当は、FRBが一体いくらアメリカ政府のボロクズ国債（アメリカ人の大好きなサプリ）をガブガブ買い込んでいるか分からないのだ。アメリカの経済規模は日本の3倍だ。日銀が日本政府（財務省、安倍晋三《あべしんぞう》政権）から、どれくらいガブガブ日本国債を買い込んでいるのか分からないのと同じだ。日銀の黒田東彦《くろだはるひこ》総裁が、2013年4月から異次元緩和、あるいは「非伝統的手法」（イレジティメット・ポリシー）をやってきた。それと同じである。

第5章のP193に示すとおり、もう日銀のマネタリー・ベース（ベース・マネー）は2018年で502兆円にまで膨らんだことになっている。これは、お上《かみ》の一種である日銀が発表している数字であって、真水《まみず》のお金である。私は勝手に、本当の金額はこの10倍あると思っている。彼らがマネタリー・ベースという奇妙なお金（日銀にとっては資産勘定がガブガブ増えること。何が資産だ？）を指して、ハイ・パワード・マネーと言いたがるはずだ。まるでウルトラマンやピカチュウ（ポケモン）や攻殻《こうかく》機動隊や機動戦士ガンダムのような世界である。

日銀は、長期金利が0・2％になるまでは国債を売り続ける（売りオペ）としている。今は0・16％である。今の状態では、まだ日銀黒田の焦土《しょうど》作戦（スコーチド・アース・ポリシー）が続いていて、実質はマイナス金利政策のままである。これでは地方銀行が餓死寸前で死にかかっているはずだ。ところが米国債の利回り上昇（3・23％になった）を受けて、日本国債までが上昇期待で、日銀が政策転換して買いオペをやろうとしても、民間銀行のほうが手持ちの日本国債を売りたがらない、という事態が近い将来に起きそうである。

ここで出現する、債券市場のストップ状態が恐ろしいのだ。それが国家財政機能の崩壊へとつながる。政府のお金の出し入れが歪《いびつ》になって、奇妙な資金の出し入れを政府部門が行なうようになり、それが金融市場に波及するだろう。それは株式市場での大きな下落になって現われる。勘定奉行《かんじょうぶぎょう》たちの資金繰りがうまくいかなくなったら、その不安が、民間の市場参加者たち（江戸時代で言えば札差《ふださし》や蔵元《くらもと》、御用商人たち）に不安が伝播《でんぱ》する。

日本国内ではほとんど話題にはならないが、FRBパウエルたちが怖いのは、NYのいわゆるジャンク債《ボンド》 junk bond 市場の動きなのだ。ここでは利回り20〜30％を狙って、平気で博奕《ばくち》を打つユダヤ人の投資家たちがたくさんいる。彼らはまさしくハイ・リスク、ハイ・リターンである。年率30％も出ないような商品に自己資金を投入する人間を、投資家（博奕打ち）とは言わない。

このジャンク・ボンドの恐ろしい債券たちが、激しく値崩れを起こすときに、それが優良大企業、大銀行の社債に打撃を与え、最後には国債（TB《ティービー》。米財務省証券）に波及する。それがものすごく怖いのだ。ジャンク・ボンドの年率30％の利回り（儲け）が60％に跳《は》ね上がったら、それは誰も買わないということの代名詞だ。これを市場崩壊と言う。

たとえばアルゼンチンは、8月30日に国債利回りが4年債で31％にまで跳ね上がった。政策金利（短期金利）に至っては、年率45％が60％になった（P112で言及）。これはもうその国にとっては、悲劇を通り越してマンガ状態だ。アルゼンチン政府は破綻しているのである。そんな「年率60％の金融商品（定期預金の証書）」を買う人は誰もいないのだ。

考えてもご覧なさい。100万円分アルゼンチン・ペソに投資（1年ものの定期預金）して、それが1年後の160万円になって返ってくる、なかなかスゴいじゃないか、と喜ぶ人がいるか。いない。1年後には何もしないで60万円儲かりますよ、というバカな話を信じる人は、おめでたい人と言う。このことが中堅の新興国であるトルコでも起きた（これも後述する）。

こういう新興国（かつては後進国と言った、笑）で起きていることが、先進国でも起きるのだ。それを債券市場暴落から起きる国家財政の破綻、財政崩壊と言う。これが、ひたひたと世界経済に向かって進行しているのである。私が何度でも書いてきたとおり、株価の上昇というのは、目くらましの、人騙しの吊り上げ相場なのである。

●政府の〝秘密〟が金融市場に伝わった

アメリカ政府（トランプ政権）は、自分が秘密に抱え込んで積み上げた財政赤字に気が動転している。これがアメリカの金融市場に伝わって怯《おび》え始めている。この不安と怯えがヒソヒソ、ザワザワと広がって、前述したとおり長期金利がジワジワと上がり始めた。さあ、パウエルたちはこの頭を叩いて、米国債を買い戻して金利を冷やす（長期金利を3％以下にする）ことができるか。その舵取りが注目されている。記事を2本載せる。

「米国債市場のボラティリティ高まる、利回り上昇で」

10月4日の取引で米国債が前日に続き売り込まれたことを受けて、市場のボラティリティ（引用者注。値段の変動率を示す指数のこと。このボラティリティ volatility が大きくなるほど値動きが激しい）を示す指数が6月以来の高水準を付けた。

堅調な米経済指標や利上げ期待などから10年債利回りは、2011年5月以来の水準である3・232％まで上昇。ボラティリティの高まりは債券オプションやデリバティブの上乗せ価格（プレミアム）を引き上げる。これはヘッジコストの増加につながるから、さらなる米債売りと金利上昇を招く可能性がある。

（ロイター　2018年10月4日）

「「強い米景気」危うい楽観　米長期金利3・2％台 インフレ拡大警戒も」

米長期金利が、7年ぶりの高い水準に上昇してきた。足元は株高と併存し、「強い

日本の長期金利
（10年もの日本国債。2年間）

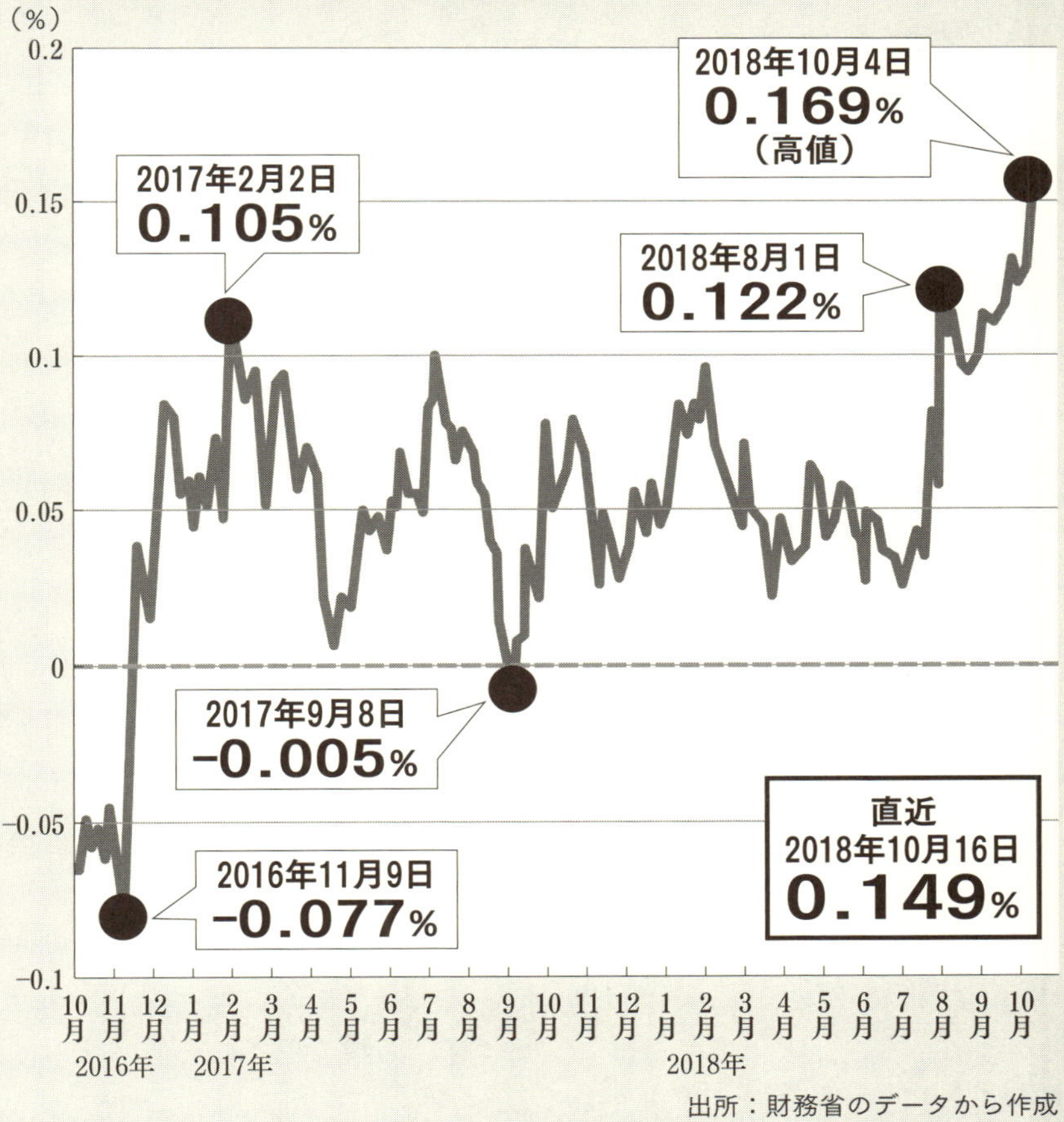

出所：財務省のデータから作成

日本の長期金利も上がった。アメリカの市場よりも早い日本時間の10月4日に、10年もの日本国債の利回りは0.169%をつけた。終値は0.156%だった。日銀が2016年1月から始めたマイナス金利を突き破ったかたちだ。だが、短期の1年ものや2年もの国債はマイナス金利のままだ。

米景気」を映す動きだ。だが急激な金利上昇はそれ自体が景気を冷やし、新興国からの資金流出を加速しかねない。貿易摩擦など不安要素を抱える中、株高・金利高がいつまで持続するか。米金利「3％定着後」の先の展開はまだ読めない。

10月3日のニューヨーク債券市場で、米長期金利の指標である米10年物国債利回りは3・18％を付け2011年7月以来の高水準を記録した。4日は一段と上昇し、一時3・2％台と11年5月以来の水準となった。今年何度か試して戻された「3％の壁」を突き抜けた。

米連邦準備理事会（FRB）の米国債保有の削減ペースが10月から加速することも、債券需給の悪化を連想させ、売り圧力になった。昨年から段階的な資産圧縮を進めており、今月からは保有米国債の償還額が300億ドルを超えた分しか再投資しない。米財務省は財政拡張に伴い国債増発の必要に迫られており、FRBの保有が減る分は民間で消化する必要がある。

（日本経済新聞　2018年10月5日）

このように、FRB自身は現状を白状しているのだ。政策金利（短期金利）を「デフレ経済は終わった。これから注意すべきはインフレ（景気過熱への対策）だ」と引き締めに転じたふりだけしている。政策金利上げは、株を吊り上げることには役立った。見せかけの、トランプ政権との連携で〝景気が良い、良い路線〟は粉飾（お化粧）経済でうまくいった。だが裏に隠れている巨額な財政赤字（60兆ドル、7000兆円）の真実が、どこからともなく染みだしてきて、ザワザワと噂が広がっている。やがてこのダムは決壊するのである。

日本の長期金利も、アメリカに連れ高するように上がった（P39のグラフ参照）。前のほうで書きそびれたが、日銀黒田が一番怖いのは日本国債をおもちゃにされることだ。ここに前述したジャンク・ボンド市場の恐ろしい連中が襲いかかってきて、日本国債売り（暴落、長期金利の急上昇）を引き起こされることだ。もし日本国債の利回りが0・5%とか1%にまで跳ね上がったら、たったそれだけでも日本の財政破綻（ファイナンス・カタストロフィ）であり、世界恐慌突入となる。このことは次に載せる記事にもあるとおりだ。日本国債利回りがたったの0・16%まで上がっただけで、アメリカやヨーロッパの財政担当の人間たちはブルブル震えているのである。10月4日には0・169%にまで跳ね上がっている。さあ、これから何が起きるかだ。

「長期金利0・155％まで上昇　日銀容認、国債買い入れせず」

長期金利の指標である新発10年国債の利回りが10月4日、0・155％まで上昇し、日銀がマイナス金利政策の導入を決めた2016年1月以来の高水準となった。日銀は金利上昇を抑えるための国債買い入れを行わず、金利変動を認める柔軟な姿勢を改めて示した。

日銀は7月末の金融政策決定会合で、超低金利の長期化で低下した市場機能を改善させるため、金融政策の修正を決定。0％程度に誘導している長期金利に関し、変動幅を従来の上下0・1％から2倍程度に広げた。

金利は9月下旬からじわじわと上昇し、10月3日の終値利回りは0・135％だった。4日は米長期金利の上昇を背景に、日本国債が売られ金利が一段と上がった（0・169％）。ただ日銀は経済情勢に合わせた正常な反応で、急激な変動ではないと判断し、上昇を許容したとみられる。

（Sankei Biz　2018年10月4日）

このように日本の長期金利も上がりだしている。年率0・2%を超したあたりからが見物である。案外、スイスやスウェーデンなど（北欧諸国）のゼロ金利政策に影響を与えるのではないか。ヨーロッパは「ユーロ恐慌」を怖れて、必死で通貨を凍《こお》りづけにしている。スイスなどは政策金利マイナス0・125%のまま頑強に堪《た》え忍《しの》んでいる。ユーロ金利が少しでも上がり出すと、世界経済にとって大きな変動要因となる。

日本の大銀行の幹部たちが、ヒソヒソと話し合っている。「どうも金融危機が来ますね……」と。

彼らはお上《かみ》（財務省と日銀）が怖いから、「財政危機が先に来ますね」とは言わない。裏で日本政府が（お上）がアメリカに毎年ガブガブと資金（後述する〝食べられないお金〟）を差し出していることに気づいている。なぜならその手伝いを、自分たちの外国の支店でやらされているからだ。

だから、人為的につくられている株価の上昇（吊り上げ）よりも、債券市場の動きに私たちは注目しなければいけない。ところがボンド・マーケットは普通の投資家には縁がない。だから、みんな騙される。債券（国債）の暴落が迫っているのだ。

●「引き金《トリガー》」を引くのはどこだ

６年後の２０２４年には世界大恐慌に突入するだろう。しかし、その前の２０２１年も大きく危ない。トランプ政権２期目に入るから、トランプは手綱《たづな》を緩めて「どうせ俺が対処しなければいけないんだ」で、当たり前のような顔をして金融危機を迎え撃つ。世界のどの国、どの地域（region《リージョン》）で爆発が起きるかが問題だ。これをトリガー（trigger 引き金）と言う。そのときは、トランプは「俺は外国のことには関わりたくない。自分のことは自分でやれ」と言うだろう。それが、トランプという男がアメリカ大統領に選ばれた本当の理由なのだ。

２０１０年1月から始まったギリシャ債務危機を、ＩＭＦとＥＣＢとＦＲＢの3者で救済した（２０１２年2月20日）。このような救済策を、この先は、アメリカはしない。トランプは「自分のことは自分でやってくれ。アメリカには助ける余裕がない」と言う。もうそのように決めているのだ。

ギリシャ危機のときは、ギリシャ国債を買っていた民間債権者の保有額の74％を削減（カット）した。ヨーロッパ諸国は全部投げ捨てた。合計１８０億ユーロ（2兆円）を出して助けた。ECBのマリオ・ドラギ総裁は、このときQE（緩和マネー）を計1兆ユーロ（131兆円）出した。当時は〝ドラギ・マジック2〟と呼ばれた。

このときすでにヨーロッパは、中央銀行が違法行為と知りつつジャブジャブ・マネー（根拠のないお金）を出して、政府部門が毒を呑むことに決めたのだ。その毒がヨーロッパ中に今も広がっている。これが、私が言う「ある国の金融危機から財政破綻が起き、それが世界中に広がる」理論である。それが、トリガー（引き金）である。

外国に関わらないのは、トランプだけではない。イギリスがなぜあんなに性急に、気を急《せ》いてBREXIT《ブレグジット》（British Exit　ブリティッシュ・エグジット　英国のEU離脱）を急ぐのか。実は、それはイギリスの保守党と金融財界（シティ）が、ユーロ危機（EU金融崩れ）が起きたときに、イギリスが大きな負担をさせられると分かっているので、それで「今のうちに逃げよう」ということなのだ。分かりますか。EUから脱出しさえすれば、イギリスは責任逃れができると思っている。

このことをドイツ（アンゲラ・メルケル首相）が苦々《にがにが》しく思っている。「だらしない他のヨーロッパ諸国を、どうせドイツが助けなければ済まない」と分かっているのだ。イギリス人が「もうこれ以上、移民（イスラム教徒と黒人たち）に入ってきて欲しくない。もう面倒見きれません」という理由も大きい。

●世界的財政崩壊の時限爆弾

すべての原因は、米、欧、日の〝先進国3兄弟〟が自国民に隠して公表しないままでいる、秘かに積み上げた巨額の財政赤字（政府債務）と、中央銀行（FRB、ECB、日銀）が、それらを無制限の国債引き受けをして、毒饅頭《どくまんじゅう》を自分の体内に抱え込んだからだ。これが前述した、日銀の２０１３年からの異次元緩和（非伝統的手法）による金額の積み上げである（グラフはＰ193に載せた）。実体のない偽金《にせがね》のカラのお金を、さんざん政府と日銀でキャッチボールしてつくり合っている。

いいですか。たとえば、あなたと友人が１００万円ずつ、貸したり借りたりを帳簿だけで10回繰り返してご覧なさい。あなたと友人は、どちらも１０００万円の資産家になってしまうのだ。まるで手品でしょう。これが、今の政府と中央銀行が現にやっていることだ。これを「マネー創造《クリエイション》」と言う。Ｐ50で説明する。

国債という国家借金証書を財務省が山ほど刷って、それを中央銀行（日銀）に、こうなったら無制限に引き受け（直接買い取り）させている。これは違法行為である。あるいはズルい法律（学）用語でなら「脱法的《だつぽうてき》な手法」と言う。脱法というのは、ギャンブル（博奕）は刑法１８５条の賭博《とばく》罪で犯罪なのに、今年無理やりカジノ法（ＩＲ《アイアール》法。総合リゾート法）を通したのと同じことだ。６年後（２０２４年）には日本でもカジノ（公営ギャンブルではない私営のギャンブル場）が始まるのだ。遊びたい人は遊べばいい。

中央銀行が、まるで神業《かみわざ》でつくった通貨（お札）を政府に渡している。それで１９９８年に破綻した金融大法人（長銀《ちょうぎん》、日債銀《にっさいぎん》その他）たちを助けた。これと同じことを〝リーマン・ショック〟（２００８年）のときにアメリカ政府がやった。先進3カ国は、またやるだろう。彼らは国家体制の実行者たちであるから、こういう法律のことはよーく知っている。やってはいけないということを知りつつ、やり続けるのだ。終わりまで。毒をくらわば皿まで、の格言のとおりである。こういうことを誰も書かないから、テレビも新聞も言わないから、日本国民は分からない。金融の専門家（エキスパート）を自称する者たちまで、本当は分からないのだ。

10年前のあのときには、ＦＲＢベンジャミン・バーナンキ議長が、「ジャブジャブ・マネー」の第1回目であるＱＥ１《キューイー》（quantitative《クオンテイテイテイヴ》 easing《イージング》 量的な緩和《かんわ》マネー）をやった（2009年3月から2010年3月まで。ＦＲＢは、なぜか後になって2008年11月から2010年6月までとしている）。それらは景気対策のために使われたふりをしていたが、本当は、一瞬は潰《つぶ》れたＮＹの銀行たちを必死で救援するためのお金だった。前述したとおり、ヨーロッパも同じことをやった。

こうやって先進3カ国の隠された政府債務（巨額のオフブック・バランス。裏帳簿）の財政赤字が、さらにどんどん膨《ふく》らんでいる。この動きは今も止まらない。どこまでやる気だ。この先進3カ国の隠されている財政赤字は、今ものすごい勢いで増殖中である。これが6年後には大爆発を起こす。いや、3年後の2021年にも、その前段階としての中爆発が起きるだろう。これが世界的財政崩壊の時限爆弾（タイム・ボム）そのものである。

現在なお、大きくは、米欧日3兄弟はこのＱＥ政策（毒饅頭食べ続け）をやめられない。アメリカは「もうやめた」と言っているが、ウソだ。アメリカ（トランプ政権）だけはデフレ経済（不況）を脱出して、さっさと健全な成長経済に戻ったと強がっている。これを適温経済（ゴルディロックス経済）と呼んでいる。だからＦＲＢ（米連邦準備制度理事会）新議長のジェローム・パウエルは、9月26日にほんの少しだけ強気の態度に出て、「今のアメリカ経済は順調に動いており、景気はいい」と、正直者のくせに大見得を切って政策金利を上げた。このことはP32で説明した。

それでもパウエル議長の顔は苦渋《くじゅう》に満ちていて、ECB（ヨーロッパ中央銀行）のマリオ・ドラギ総裁と日銀の黒田東彦総裁の苦しそうな顔とまったく一緒だ。この3人の歪《ゆが》んだ顔を見ていれば、大きな真実がどこにあるかが分かる。彼らは金融政策（マネタリー・ポリシー）の実行責任者として、現実が恐ろしいところまで来ているのだと顔に画いている。

●〝食べられないお金〟とは何か

先進3カ国政府は、自分自身が過剰に発行した国債（＝国家借金証書）の民間市場での消化（売却）がうまくいかないので、最近は「札割《ふだわ》れ」すなわち売り買いが成立しないことがよく起きている。割増金《わりましきん》（プレミアム）をつけて、買い手（引き受け手の民間銀行）になんとか買い取らせているようだ。こうやってボロが次々に出て、やがて真実が露呈する。彼らにとっては、これが一番イヤなことなのだ。

もし、ここで、たとえば中国政府が先進国の国債（外債）を一部でも売り払うと、債券市場（ボンド・マーケット）で大暴落が起きる。それが世界大恐慌への突入の合図となることもある。これもトリガーだ。だが、今の中国人はバカではないので、アメリカに自分からはケンカは売らない。相手が自滅するのを待っている。

３つの先進国政府は、このことも分かっている。だが、心配する暇もなく、目先の毎年の国家予算を組み立てる（成立させる）ために、がむしゃらになって、今もジャブジャブジャブジャブジャブと大量の〝食べられないお金《かね》〟uneatable《アンイータブル》 money《マネー》 のお札を発行し続けている。これが「マネー創造」である。

マネー創造は、（銀行が持つ）信用創造（機能）とは似《に》て非《ひ》なるものである。信用創造という、銀行が持つ機能（民間銀行も持っている）を限りなく悪用して、果てしないところにまで来てしまったのが、今の先進国の中央銀行たちである。やってはいけないことをやっているのだ。政府（財務省）もグルである。その報《むく》いが、あるとき一気に襲いかかるだろう。

とくに日本の場合は、この実体のない帳簿上だけのお金を、アメリカに毎年貢《みつ》がなけれ

米（トランプ）、中（習近平）、ロ（プーチン）の3巨頭体制を私は世界に先駆けて書いた

「第2次ヤルタ会談」で世界の運命が決まる

ニューヨーク・タイムズ

ニューヨーク・タイムズ紙が掲載した“3巨頭会談”の写真。もちろんCGである。CNNも「ヤルタ2.0」と言い始めた。この第2次ヤルタ会談は、米軍の北朝鮮爆撃の前に開かれるだろう。

になる」と話した。そして「私はもう死ぬから、あとはよろしく頼む」と言い残した。だからトランプを勝たせたのだ。キッシンジャーも高齢だが、あと3年ぐらいは生きているだろう。その間は、トランプは大丈夫だ。

2016年2月3日に、キッシンジャーがモスクワまでプーチンに会いに行った。「ウラジミール。シリア駐留のロシア軍を暴発させてトルコ（エルドアン首相）と戦争を始める企み《たくら》（コンスピラシー）があるぞ。気をつけろ。古代バビロニア帝国（4000年前）の亡霊が復活した。古代の死のカルト集団（エインシャント・デス・カルト ancient death cult）が復活した。世界戦争を始めようとしている。プーチン、これを阻止せよ」と言ったのである。ロシア政府の秘密報告書から明らかになった。

この古代の死のカルト集団が欧・米・日では統一教会（ユニフィケイション・チャーチ）である。「世界平和統一家庭連合」と名を変えた。日本では安倍晋三たちの勢力だ。小池百合子《こいけゆりこ》さんもこの組織で育てられた女性だ。燃えるような情熱で「共産主義の悪と戦いましょう」を唱え、それを強い信念にしてきた人々だ。この事実が最近、日本でもザワザワと人々に知られ広まるようになった。及ばずながら、私がこのことで努力してきた。

中東のアラブ・イスラム教世界ではIS（イスラミック・ステイト）などのサラフィーヤ

236

『銀行消滅』P236~237

ばいけないという哀れな役目もある。毎年だいたい30兆円（3000億ドル）のカラ（空）のお金をアメリカに差し出している。これが40年も続いていて、今や総額1400兆円（14兆ドル）ぐらいに膨れあがっている。この帳簿上だけで動く奇妙なお金のことは、日本国民には絶対に秘密だ。

この〝食べられないお金〟（食えないお金）とは、レストランの店先のショーケースに並んでいる「エビフライ定食850円」とかの料理サンプルと同じだ。料理サンプルは本物のエビフライとそっくりであるが、石膏《せっこう》で型《かた》をとって樹脂《じゅし》でつくるから、お客さんは食べられない。これが、政府（安倍政権）が日銀黒田に指図してアメリカに裏から渡している毎年の救援金（贋物《にせもの》の贋金《にせがね》。フェイク・マネー）である。このことはP191以下でさらに詳しく説明する。

●米、中、ロの〝3帝会談〟が開かれる

本書の冒頭（P3）の年表に示したとおり、6年後の2024年に世界大恐慌に突入するだろう。この年はトランプの他に、ロシアのプーチン大統領が任期を終える年である。

中国の習近平《しゅうきんぺい》体制は、それからさらに3年後の2027年まで続く。その前の2024年までに中国は普通選挙を実施し、中国は何としてもデモクラシー（〇代議制《だいぎせい》民主政《せい》体《たい》×民主主義）の国に変わらなければいけない。そうしなければ中国の民衆が黙っていない。今の上層の中国人は、「カネなんかいらない。言論と集会、結社の自由をよこせ」と共産党政権に対して要求している。

デモクラシーとは、1. 普通選挙制（ユニヴァーサル・サフレッジ）と、2. 複数（多数）政党制（マルチ・パーティ・システム）のことである。この2つさえ何とか制度として導入できれば、それで曲がりなりにもデモクラシーの国と呼べるのである。

今の世界は、トランプ、習近平、プーチンの3人による「第2次ヤルタ会談体制」である。アメリカのメディアの一部は、これを指して New Yalta《ニューヤルタ》とか Yalta 2.0《ヤルタトウーポイントオウ》と呼んだ。世界はこの3人の駆け引きや、テーブルの下での蹴《け》り合いや、妥協で動いているのだ。ヨーロッパは、今ではもうこの3大国に匹敵するだけの力はない。歴史のある立派な白人様の国として威張っているだけだ。

この3つの大国（すなわち帝国《エムパイア》）は表面上、互いに仲が悪くて、ケンカばかりしているように見える。が、一番上のほうの3人はつながっているのである。私は前著『銀行消滅』（2017年11月、祥伝社）で、写真つきでこのことを説明した。日本では私、副島隆彦以外、あまり言わない。

この3人は、2019年中には「3帝会談」を開いて会うだろう。その背後にはヘンリー・キッシンジャー（95歳）がいて、本当のことを言うと、この男が3人の共通の先生（メンター）なのだ。キッシンジャーはもうすぐ死ぬだろうが、その前にどうしても3人揃《そろ》っての正式な会合でのお披露目をしておかなければならない。

●NYダウと日経平均は、いつ連動して落ちるのか

2024年に向けて、米ドルの信認（信用力）は崩れてゆく。1ドルが今の110円から、90円、80円と下落する。3年後の2021年に、最初の大きな危機が起きて、ますますアメリカのドル体制は弱体化してゆくだろう。

それが2024年に、決定的になる。世界大恐慌、すなわち先進3カ国の財政崩壊（ファイナンシャル・カタストロフィ）である。このとき、預金封鎖も断行される。銀行から

の引出額が制限される。かつ、それまで流通していた紙幣が新札に切り替わる。日本では実際に、敗戦1年後の昭和21年（１９４６年）2月に、この預金封鎖が実施された。

こうして、米ドルの世界一極支配体制は終わってゆく。トランプがいくら株価を吊り上げて、アメリカの景気を良さそうに見せかけても、大きな流れとしてのドル信用とアメリカの経済力の低下と衰退は止めようがない。

本書の書名である「トランプ暴落」が、まず起きる。それは２０１９年の初めごろであろう。

今年の２０１８年いっぱいは、高い株価を維持して好景気のふりが続く。日本もそれに付き合わされる。11月6日の中間選挙 midterm《ミッドターム》 election《エレクション》 はトランプがなんとか勝つだろう。上下両院で過半数を取るだろう。だから年末までは、株価は維持される。

しかし、そのあと年が明けたら、ＮＹダウは落ちる（落とす）だろう。日本の日経平均株価も連動して落ちる。

だから、今は「トランプ暴落の前夜」なのである。

2章　アメリカ「貿易戦争」の正体

中国からの輸入品すべてに25％の関税をかけると18兆円の増収

米と中の貿易戦争が続いている。

トランプ大統領は、「第3弾」で中国からの輸入品の２０００億ドル（22兆円）分に追加の10％の関税をかけた（９月24日）。来年（２０１９年）には、この税率を25％に引き上げる、と発表した。

中国は10月現在で、これを突っぱねて、交渉の拒否をアメリカに通告した。しかし、次官クラスの下級役人（事務方《じむかた》）での米中交渉は水面下で行なわれている。

ロイターの記事を載せる。

「米中が新たな関税発動、中国「通商いじめ」で米を非難 」

米国は９月24日、２０００億ドル相当の中国製品に対する新たな関税を発動し、中国も６００億ドル相当の米国製品を対象に報復関税を発動した。

新華社によると、関税発動後間もなく、中国国務院は米国との貿易摩擦に関する白書を公表した。ここで「通商いじめを行っている」として米国を非難し、「関税など

アメリカと中国の貿易戦争は続く（米、中それぞれがかけた追加（上乗せ）関税の規模と主な品目）

	アメリカが制裁関税	発動	中国が報復関税
第1弾	340億ドル ①自動車 ②宇宙、航空関連 ③原子炉 ④産業用ロボット 25%	7月6日	340億ドル ①自動車 ②農産品（大豆や牛肉） ③海産物 ④ウイスキー 25%
第2弾	160億ドル ①半導体 ②鉄道の車両 ③化学製品 25%	8月23日	160億ドル ①自動車 ②鉄鋼 ③銅 25%
第3弾	2,000億ドル ①家具 ②食料品 ③革製品 10〜25%	9月24日	600億ドル ①液化天然ガス（LNG） ②航空機 ③レーザー機器 5〜10%
第4弾？	2,670億ドル これを実行すると、アメリカは中国からの全部の輸入品に関税を上乗せすることになる ？%	？	米国債を売り払う？
合計	5,670億ドル		1,100億ドル

25%の追加関税で **米は1,600億ドル（18兆円）増収**

出所：毎日新聞2018年8月23日付などを参考に作成

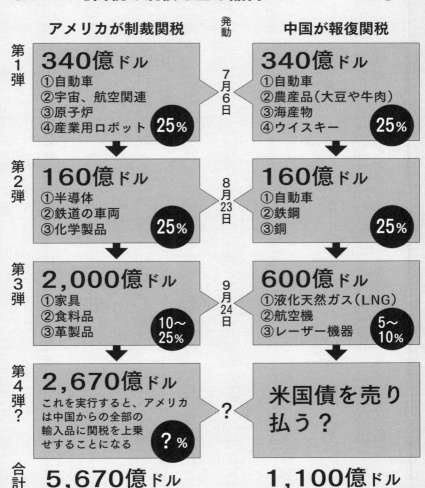

の措置を通じて他国を威嚇《いかく》し、自国の意思に従わせようとしている」と主張した。

一方で、「相互尊重と公平性」に基づいた通商協議であれば再開に応じる用意があるとの考えも示した。

米中は、互いに500億ドル相当の輸入品に対し既に関税を発動している。

今回米国が発動した新たな関税では、中国製の掃除機やモデムなどインターネット接続機器が含まれた。税率は10%で、年末にはこれが25%に引き上げられる。一方、中国は5-10%の税率を設定し、米国産LNG（液化天然ガス）や一部の航空機などをターゲットにした。

トランプ大統領は9月22日、米国の対中関税に対し中国が報復措置を講じれば、中国に対しさらなる関税を課すとあらためて警告した。


（ロイター　2018年9月18日）

P59の表にあるように、アメリカが9月24日に発動した対中《たい》国の制裁（仕返し）関税retaliation《リタリエイション》 tariff《タリフ》は、①7月6日（340億ドル）、②8月23日（160億ドル）に続く「第3弾」だった。さらに第4弾として、2670億ドルの追加関税が発表された。これらの合計は５６７０億ドルである。これでアメリカが中国から輸入する総額である。このすべてに25%関税《タリフ》をかけるのである。単純に計算すると、１６００億ドル（18兆円）になる。

トランプは「やると言ったら、やる」と言った。これに対して、中国は「交渉のテーブルに着かない」と蹴飛ばした。これで、もうすべてである。

このように、トランプは国家という企業の経営者として、国家の決算（資金繰り）の心配をしているのだ。「外国から、ぶったくってきてやる。赤字を減らしてやる」という理屈だ。アメリカ国民は、このことを理解している。

トランプは中国と「貿易《タリフ》で戦争をしている」と世界中の人々は思い込んでいる。そうではない。トランプは、関税《タリフ》という税金《タックス》を外国製品（輸入品）にかけて、国《くに》の税金収入を上げたいのだ。この視点（見方）が、みんな分かっていない。中国への追加関税の他に、トランプはヨーロッパと日本とメキシコ、カナダにケンカを売った。だが中国以外の国はすべて妥協して合意した。

ということは、中国からの、この１６００億ドル（18兆円）が、本当に来年からアメリカ政府の収入の増加になる。トランプにしてみれば、「ほらよ。俺が国家予算の足りない分を、こうやって18兆円稼いできてやったからな」ということだ。トランプは、米財務省（勘定奉行）に「俺が４０００億ドル（50兆円）稼いできてやる」と約束したのだろう。

物品（財物《ざいぶつ》）だけの取引額（貿易収支《しゅうし》）で見ると、アメリカの対《たい》中国の貿易額は、輸出が１３００億ドルに対して、輸入は５０５０億ドルだ（２０１７年）。差し引き３７５０億ドル（40兆円）の赤字である。４回にわたる制裁関税の実施で、アメリカは中国から輸入する全部のモノに対して、高い関税 high《ハイ》 tariffs《タリフ》 をかける計算になる。これが来年から、１６００億ドル（18兆円）のアメリカ政府の関税収になる。

この貿易収支の他に、特許使用料や旅客運賃や金融取引の手数料などの収支である「サービス収支」がある。貿易収支とサービス収支が合わさった貿易額になる。これを「貿易・サービス収支」と言う。貿易・サービス収支では、アメリカの中国からの輸入総額は５１４４億ドル（57兆円）で、輸出は１７１６億ドル（19兆円）だから、その差額の３４２９億ドル（38兆円）が、アメリカにとって毎年毎年の対《たい》中国の貿易赤字だ。これだけの出費が出ているのである。

このアメリカの制裁に対して、中国は「反撃する」と、まず600億ドル（6・6兆円）分のアメリカ製品に追加の関税をかけた。

●「米国債売却」か「人民元切り上げ」か

アメリカと中国の貿易戦争《トレイド・ウオー》は、2018年の緒戦《しよせん》では中国の負けである。中国は腰砕《こしくだ》けになって、アメリカに負けた。習近平政権の中がゴタついて、ついには「習近平への個人崇拝の独裁体制が悪いのだ」となった。トランプの電撃作戦（ブリッツクリーグ Blitzkrieg）の勝ちだ。だが、中国は、長期戦では負けないだろう。産経新聞の記事を引用する。

「米中貿易戦争、中国の対抗策は　不買運動や投資減…米国債売却「最後の手段」か」

トランプ米政権が、中国からの2000億ドル相当の輸入品に追加関税を課す制裁措置の第3弾を9月24日に発動した。中国政府は米側が制裁を強化すればさらなる対抗措置をとる構えを見せる。ただ、輸入総額で米側に大きく劣る中国が同規模の追加関税を加えることは困難だ。中国側が取り得る追加関税以外の対抗策には、どのような手段があるのだろうか。

最も考えられるのは、当局の権限で中国に進出する米企業に圧力を与える方法だ。最近も米軍の最新鋭迎撃システム「高高度防衛ミサイル（ＴＨＡＡＤ《サード》）」の韓国配備決定に中国が反発し、用地（ゴルフ場）を提供したロッテグループが標的となって、中国で多くの店舗が当局から消防法違反などの理由で営業停止処分を受けた。

中国での事業に必要な認可・承認の遅延という措置もあり得る。

輸出入手続きの遅延も、２０１２年に南シナ海の領有権問題などでフィリピンが対立した際に見られた。同国産バナナなど果物への検疫が強化され、実質的な経済制裁と受け止められた。

相手国製品の不買運動も常套手段で、前出のロッテのほか過去には日本製品も不買運動の対象になった。今回、アップルなど米国を代表する大手企業（への不買運動）が中国紙で指摘されている。

米国で中国企業の投資を絞る動きも出ている。アリババグループの馬雲《ばうん》（ジャック・マー）会長は今月中旬、就任前のトランプ米大統領に伝えた（約束した）米国で

人民元を切り上げれば、アメリカの対中国貿易赤字は減る

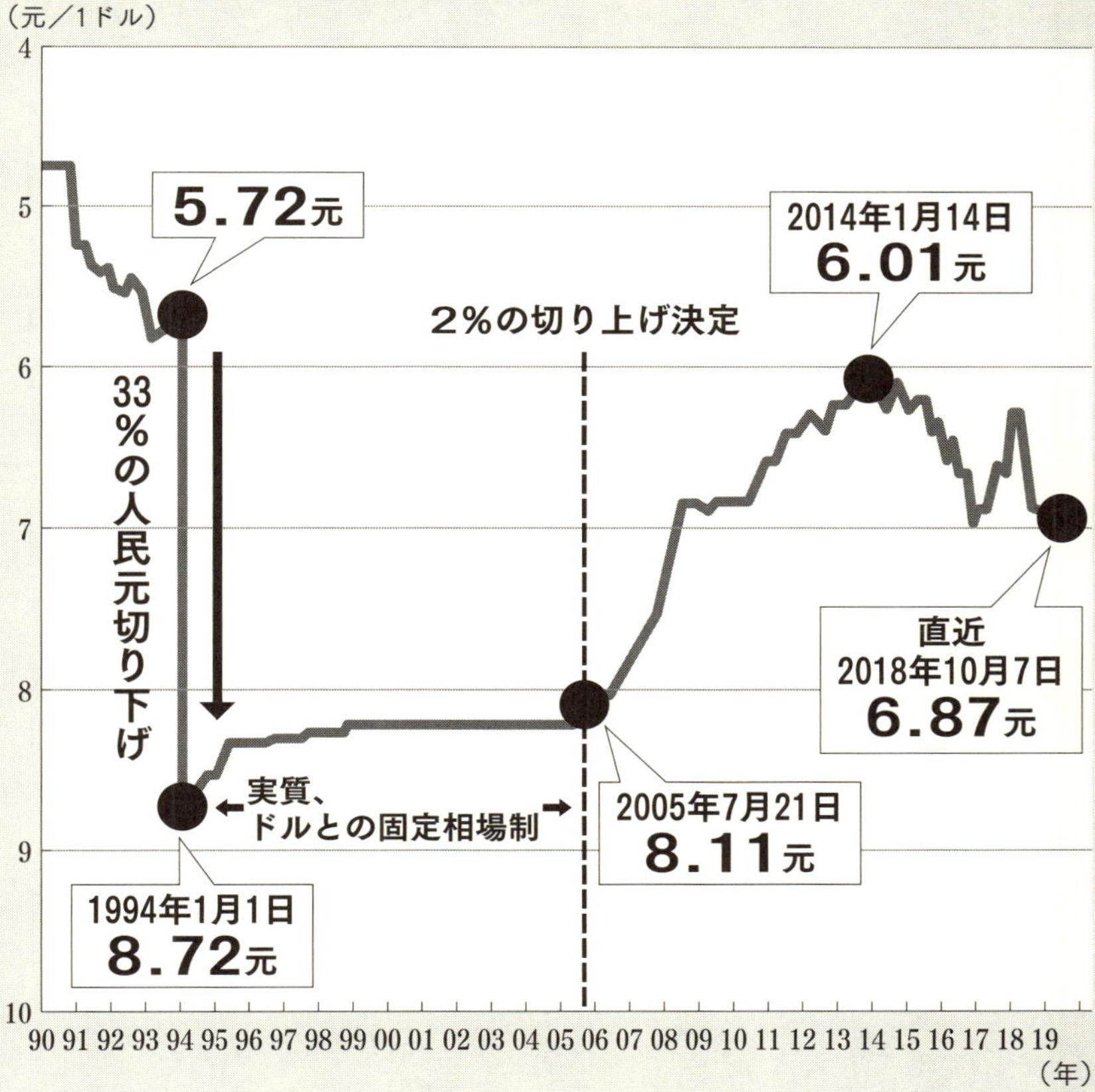

デイヴィッド・ロックフェラーとヘンリー・キッシンジャーが、中国経済を発展させるために鄧小平と話して、1994年に人民元を半分に切り下げるのを認めてあげた。

これで中国の巨大な輸出企業の成長経済が興《おこ》ったのだ。

の雇用創出計画について「もはや約束を果たすことはできない」と強調した（引用者注。このあと馬雲は会長職を辞任する、と発表。中国政府との板挟《いたばさ》みになった）。
米側の反発が最も大きい報復手段は、米国債の大量売却や人民元切り下げだ。人民元切り下げについては李克強首相が9月19日の演説で「人民元の下落は中国にとって害の方が大きい」と否定した。中国の米国債保有額は諸外国でトップ（だから、その中国が米国債を）大量に売却すれば米経済にとって大きな衝撃となる。だが、潤沢な外貨は人民元の安定にも関わるため米国債売却は「最後の手段」とみられる。

（産経新聞　２０１８年9月24日　傍点と注は引用者）

中国からの、アメリカへの究極の報復（仕返し）は、米国債をＮＹ市場で売ることだ。だが、これをやってアメリカの国債が暴落（長期金利が6％とかに暴騰）したら、ただちに世界恐慌突入である。中国は、こんな愚《おろ》かな手には出ない。

10月に入って、中国は貿易問題での交渉を先延ばしにした。交渉のテーブルに着くことを拒否した。それでも、担当者の劉鶴《りゅうかく》副首相と、ライトハイザーＵＳＴＲ《ユーエスティーアール》（米通商代表部）代表の2人が、通商交渉を引き続いて行なう構《かま》えだけは取っている。

トランプは強気一点張りで、「中国と取引することなど何もない。今のまま高関税をかけて、中国の不公正な取引（知財《ちざい》、すなわち特許権などの侵害、泥棒のこと）をやめさせる」という態度だ。私の考えでは、中国はトランプが25％の高関税をかけることを、そのまま呑《の》めばいいと思っている。関税《タリフ》の分だけ中国からの輸入品の値段が高くなって、アメリカ国民が高い関税を払うだけである。

本当は、中国が「はい、分かりました。それでは、人民元を20％切り上げます。そうすれば、安すぎる中国製品が世界中にご迷惑をおかけすることがなくなります」という決断をすればいいのだ。なぜ、この話にならないのか、私は不思議だ。トランプは「中国よ、人民元を切り上げろ」と言いさえすれば、貿易赤字はガタンと減るのだ。

世界の流れは、自由貿易体制（フリートレイディズム）を守って、なるべく関税を0《ゼロ》にしていく努力をしてきた。トランプの保護貿易主義（プロテクショニズム）で逆流現象が起きた。

トランプにしてみれば、高関税をかけることで、関税という名の税金が政府（米財務省）に入る。これだけでも、アメリカの巨額な財政赤字の利子の支払い分が年間で18兆円も減る。P61で説明した。トランプは経営者上がりだから、国の借金を返すことを何よりも大事だと分かっている。せめて金利の払いだけでもきちんとやりたい。日本人も企業経営者なら分かる。会社が倒産しないで、社員（従業員）に給料を払うことで必死だ。銀行員も融資（借金）の残高に対してはよく分かっていて、

「社長。せめて金利分だけは払ってくださいよ」

と言う。

融資元本《がんぽん》の分は、このままでいいから、利子のお金だけは毎月少しずつでも返済してください、と言う。

●アメリカの「資本収支」は黒字である

実は、トランプにとっては、貿易戦争とは政府がカネを稼ぐ重要なチャンスだ。実物経済《じつぶつけいざい》（実需《じつじゅ》）である貿易の動き以外に、「資本収支」というお金の動きがある。ここではアメリカが大きく黒字であり、年間4000億ドル（44兆円）の儲《もう》けをつくっている。だから、貿易赤字《トレイド・デフィシット》と資本収支黒字《キャピタル・ゲイン》を相殺《オフセット》したら、世界帝国であるアメリカはそんなに損をしていないのだ。この視点を有識者たちが、ほとんど指摘しない。不思議だ。

アメリカの国別の貿易赤字(2017年)とトランプが仕掛けたディール(駆け引き)

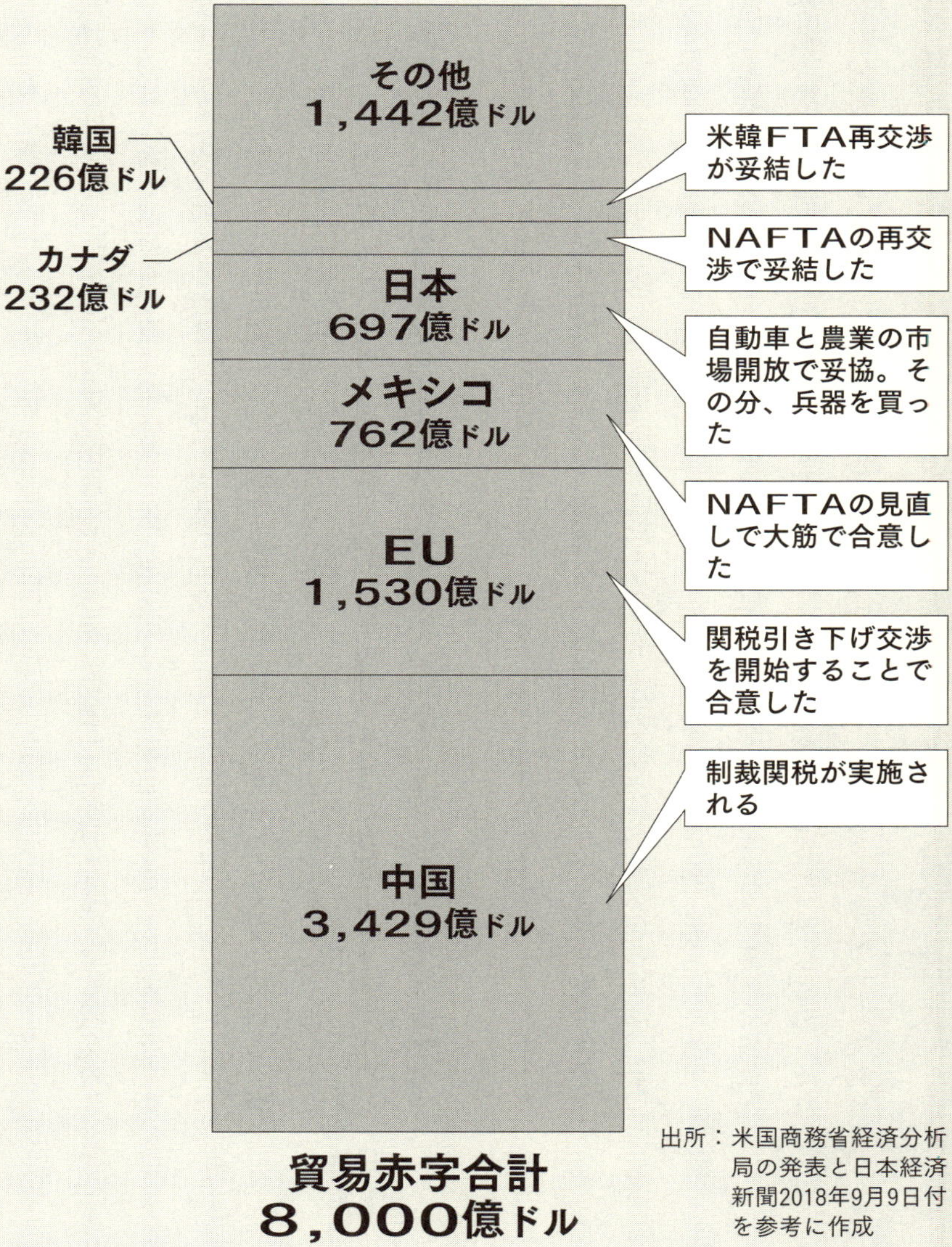

出所：米国商務省経済分析局の発表と日本経済新聞2018年9月9日付を参考に作成

資本収支とは、株、証券、不動産の投資など、お金（資本）の取引で発生する収支のことだ。そのほとんどは直接投資（アメリカに工場をつくって経営をすること）でできている。アメリカに入ってくるお金は、今も大きいのだ。

アメリカは、たしかにものすごい貿易赤字を毎年抱えて、首が回らなくなっている。貿易すなわちモノの取引では、総額で約８０００兆ドル（90兆円）の赤字が出て、毎年これが出血のように起きている。そのうちの約半分が対《たい》中国で、３５００億ドル（40兆円）もある。だから中国との貿易赤字をまず半分に減らしたい、がトランプの掲げる大義名分である。

そのためには、アメリカ製品を中国にたくさん輸出すればいいのだ。だが、アメリカの自動車や電気製品が、売れるはずがない。高価な（20万円する）アップルのスマホは中国で製造しているから、「中国からの輸出」に数える。アップル製品への嫌がらせは、米、中どちらもやりたくない。

前述した資本収支で、アメリカ国内に貿易の儲けである利益が貯《た》まっている。それはNYの金融市場で運用されている。トヨタやパナソニックの従業員の年金資金なども、それこそ各社何兆円も米国債で運用している。この現実を見ないふりをして、実需（実物経済）の貿易赤字で大騒ぎするのは、トランプの大人気《おとなげ》なさである。「少しでも税収を増やしたい。取れるところから取る」の精神だ。

P67で前述したように、中国政府が人民元を今の倍に切り上げる決断をすれば、350億ドルの対米貿易黒字（米から見たら赤字）は一気に半減する。今の1人民元＝6・8ドルの相場から1人民元＝4ドル台になれば、貿易戦争はなくなる（P65のグラフ参照）。中国は輸出競争力を失って、大変苦労をすることになる。だが、「人民元の切り上げ」（自国通貨の力が増すこと）は、時代の趨勢《すうせい》である。1994年に、人民元を一気に半分に切り下げたおかげで、輸出が大爆発して、今の中国の大《だい》繁栄があるのだから。

ところが貿易戦争の最中で、逆の動きになっている。どうも中国から、資金がドルに転換されてアメリカに流れ出している。どうやら30年前に投資した中国株を売って（人民元を売って）、ドルに換《か》えてアメリカに資金を持ち帰っているようだ。

〝米、中貿易戦争〟は、裏側で、すでに話し合いがあって妥協する。トランプは、毎年生まれる3500億ドル（40兆円）の、対《たい》中国の赤字額が減るとは思っていない。政治（力）で実物経済《タンジブル・エコノミー》をねじ曲げることはできない。

中国がアメリカの知的財産権《インテレクチュアル・プロパティ》（知財）をたくさん泥棒して侵害していることに怒っているが、これも解決しない。この手の文化泥棒は、たとえば、日本の輪島塗《わじまぬり》の色（渋柿の赤色）をフランスのカルティエが盗んで美しいエナメルメッキにしたことだ。その前に、13世紀の高麗青磁《こうらいせいじ》の美しい青を、エルメスやクリスチャン・ディオールが服飾品に盗用したことから始まる。文化の泥棒合戦は止められない。

●もめていた「NAFTA《ナフタ》」（北米自由貿易協定）

カナダから輸入する材木（松とか樅《もみ》の針葉樹）に、アメリカ政府は20％の関税をかけていた。カナダの木材業者（林業）は国有地での伐採《ばっさい》を許可されて、安い輸出（ダンピング価格）だ。ところがカナダは、アメリカからの材木に２００％の関税をかけてきた。これにトランプが怒った。「以下同文」の貿易戦争だ。

アメリカ独立戦争《インデペンデント・ウォー》（１７７６‐１８０３）のときに、「自分たちはイギリス国王ジョージ3世に忠誠を誓う」と言って、合衆国独立を嫌って移住した人たちがカナダ人だ。こういう歴史がある。フランスの軍隊も昔からいた。カナダは今も英連邦

Commonwealth《コモンウエルス》のメンバーである。アメリカとは微妙な対立感情がある。

北米自由貿易協定（NAFTA《ナフタ》 North American Free Trade Agreement《ノースアメリカンフリートレイドアグリーメント》　1994年から）は、アメリカとカナダとメキシコ、北アメリカ3カ国での貿易に、政府は規制をしない、とする協定だ。

NAFTAのために、アメリカの製造業が人件費の安いメキシコに移転した。だからアメリカに、「錆《さ》びついた工業地帯」Rust Belt《ラストベルト》が出現した。

トランプは2018年8月27日に、メキシコとはNAFTA見直しの「予備的合意」に達した。トランプはメキシコを抑《おさ》えつけた。カナダの若いジャスティン・〝ビーバー〟・トルドー首相は、トランプからの圧力に黙りこくった。が、9月30日になって、「アメリカの要求に合意する」と発表した。トランプに屈したかたちだ。

「NAFTA、米・カナダも合意発表　3カ国協定を維持」

トランプ米政権は9月30日、北米自由貿易協定（NAFTA）の見直しでカナダと合意したと発表した。既に合意済みのメキシコとあわせて、3カ国協定を維持したうえで再交渉が妥結した。北米に進出する日本の自動車メーカーにとっては投資環境の不透明感が払拭される一方、関税撤廃の条件が厳しくなるなど新協定への対応を迫られる。

新協定の名称は「USMCA《アスムカ》（the United States-Mexico-Canada Agreement=米国・メキシコ・カナダ協定）」。米国が求める乳製品の市場開放でカナダが一定の譲歩を示した。米国が撤廃を求めてきた貿易紛争の解決制度も折り合った。

トランプ大統領は、カナダからの輸入車に高関税をかけると圧力をかけながら、カナダに譲歩を迫った。カナダは合意の条件として関税をかけないと確約するよう米国に要求。米政権は代わりに数量制限を受け入れるよう迫っていた。

（日本経済新聞　2018年10月1日）

2国間交渉に持ち込むトランプの「本当の目的」とは

トランプが最初に言い出した、鉄鋼とアルミへの10%課税。これで前述したアメリカのラスト・ベルト（錆《さ》びついた北部諸州。衰退した製鉄業と自動車産業の町）が再復興して、再活性化することはない。アメリカの国内産業（USスチールやベツレヘム・スチール）が少しだけ競争力を取り戻して、20万人ぐらいの雇用が生まれるだけである。中国製のＨ形鋼《エイチがたこう》の建材の値段が上がるからだ。トランプは中間選挙の票で、これらのピッツバーグやデトロイトで失業している白人労働者からの支持票を獲得したいのだ。だから貿易戦争は、どうもヤラセくさいのである。

アメリカ国民が贅沢《ぜいたく》をして世界中から高級品を輸入している現状を止めないかぎり、アメリカの貿易赤字は減らない。

ＷＴＯ《ダブリュティーオウ》（世界貿易機関）の多国間（一斉）協定を無視して、２国間のＦＴＡ《エフティーエイ》（自由貿易協定）交渉に持ち込むことをトランプは手法にしている。が、どうも本当の目的（狙い）は、アメリカの大企業が相手国に侵出したときに、その国の邪魔、妨害をまとめて粉《ふん》砕《さい》することだ。それを目標にしている。それがＴＰＰ《ティーピーピー》（環《かん》太平洋パートナーシップ協定）の交渉でも、隠された真の争点であった。

「アメリカ企業の活動が邪魔されたと判断したら、（アメリカ企業は）その国の政府を訴えて賠償金を取ることができる」という、とんでもない条項（ＩＳＤ《アイエスディ》条項　Investor《インベスター》 State《ステイト》 Dispute《ディスピュート》 Settlement《セツルメント》）を、強力に押しつけて呑ませようとする。

そもそも実需、実体の取引である貿易は、より優れた、かつ安価な製品を外国に輸出して売り上げを上げて利益を出すという行動に基づいている。今のアメリカ製品は全部ダメなのだ。

日本の農産物で、不公正な関税だ、と言われている国内産の牛や豚の農家を守るための関税数値などは、日本の新聞にはほとんど書かれない。

コメの場面では、778％という、ものすごい超高関税を外国産の米にかけているらしい。コメの関税は「従量税」と言って、率（税率）ではなく目方《めかた》（重さ）を基準にして課税する。日本への輸出米は、1キロ当たりの関税が341円だから、これを税率に換算すると778％である。だから結局、今でもタイ産やカリフォルニア産のコメはデパートでも買えない。

こういう過剰な国内産業保護は、先進国である日本はやめなければいけない。だが、そうすると日本の自民党は、地方の農民票を失う。だから大変だ、という理屈になる。そして国民には、交渉の中身を何も知らせない。

日本車の対アメリカ輸出台数（2017年）

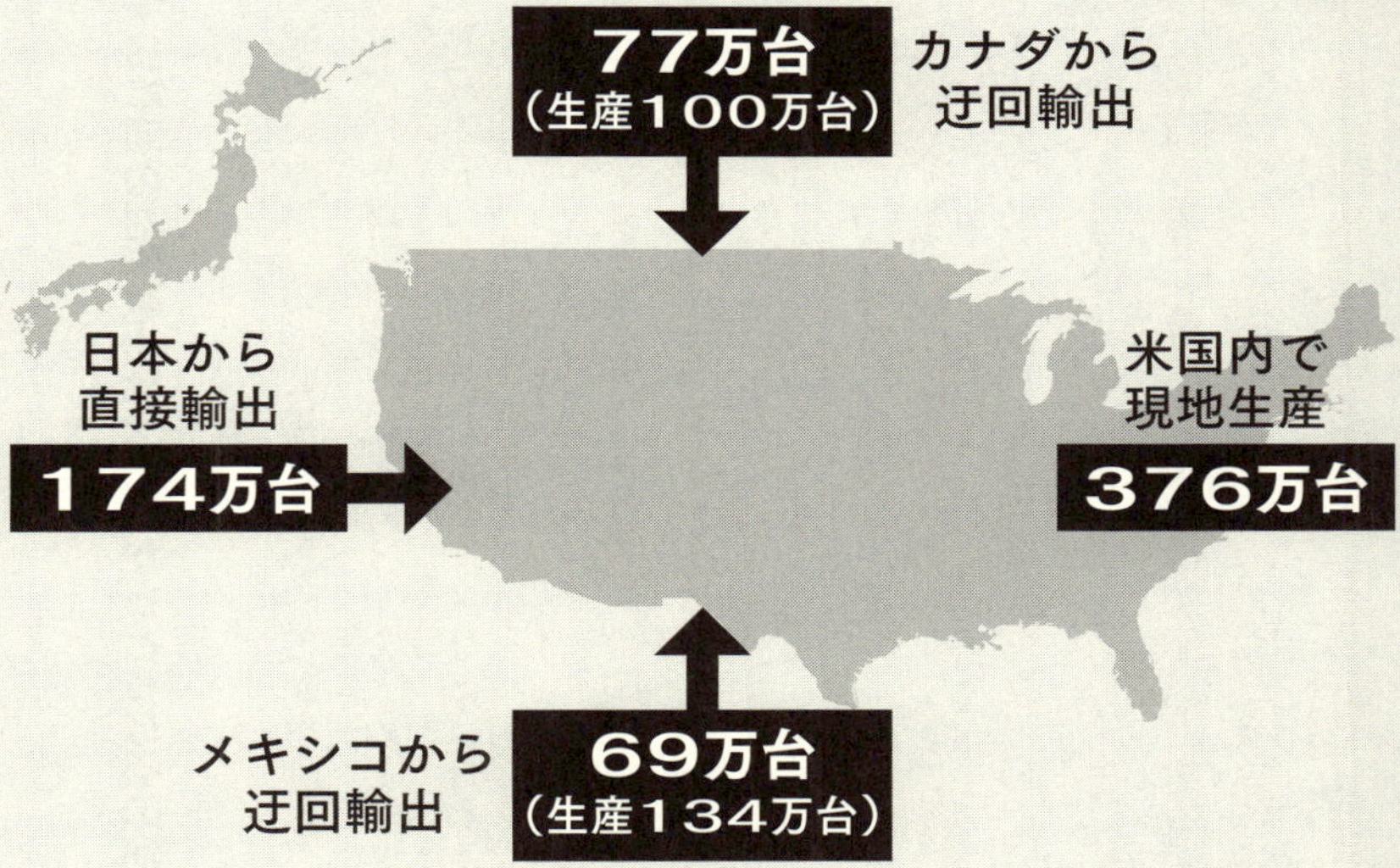

メーカー別の現地での生産台数

	アメリカ	カナダ	メキシコ
トヨタ	126万台	57万台	11万台
日産	93万台	0台	83万台
ホンダ	121万台	43万台	21万台
マツダ	0台	0台	19万台

出所：日本自動車工業会の資料と新聞各紙の報道から作成

日本はアメリカに年間174万台の自動車を、国内の工場から輸出している。これとは別に、146万台をカナダとメキシコ国境線の工場で生産して輸出している。トヨタ、日産、ホンダ、マツダの大手4社で、合計234万台を生産し、その6割が迂回輸出の146万台である。

●日本車の対米輸出は、これからどうなるのか

通商交渉で、いつも焦点となるのが自動車（日本車）である。自動車の輸出は、日本が対《たい》アメリカ貿易で稼ぐ総額の3割を占める。8兆円ぐらいだ。

P77の表のとおり、日本がアメリカに今も直接輸出している174万台に、どうせゆくゆく15%ぐらいのハイ・タリフがかけられることを、日本側は覚悟しているようだ。問題は、メキシコとカナダ、それぞれの国境線のすぐそばの工場でつくられている日本製の自動車である。これが、それぞれ77万台と69万台ある（これもP77の図表を参照）。この迂《う》回《かい》生産、迂回輸出が、4兆円ぐらいの対米黒字をつくっている。ここにある自動車工場は、米国とカナダとメキシコの政府間駆け引きに翻弄《ほんろう》される。

トランプは、強力に「アメリカ国内に工場を移して生産せよ」と主張している。これでアメリカ国民が失業している事態を改善したい。アメリカ政府の失業統計で「4%割れ。3・8%を達成した」などとトランプ自身が自我自賛しているが、この数字はウソである。本当のアメリカの失業率は20%以上ある。トランプ自身が大統領選挙中にずっとこのことをしゃべっていた。トランプはこの事実を知っている。

自分が政策担当者（現職大統領）になってしまったので、ウソでも何でも自分の業績にして、政府発表の偽《いつわ》りの統計数字に拠《よ》らなければ済まない。

米国とカナダとメキシコの、3国の自由貿易協定（NAFTA《ナフタ》と言った）のせいで、米《べい》国境の外側に自動車工場が逃げたのだ。日本のトヨタもホンダもそうした。経営陣は毎日アメリカ側から工場に通った。ルノー＝日産は、ケベック州（フランス系の州）に工場を移した。

国境線から10海里《シーマイル》（18キロ）のところまでは隣の国の権利がある、という理屈で工場を移した。そして、外国製品としてアメリカに、ほぼ無関税輸出した。トランプ（アメリカ人）にしてみれば、「それが許せん」となったのだ。だが、米国内に工場を移して建設し直すのに、最低4年はかかるだろう。

メキシコとカナダは、これに折れた（合意した）のだ。

●「アメリカ・ファースト！」は「アメリカ国内優先主義」だ

トランプにしてみれば「アメリカ国内優先《ゆうせん》、自国民優先」で、白人労働者階級（半分は失業している）を喜ばせて、彼らに仕事が回るようにしてあげることが何よりも大事で最優先だ。有権者《ボウター》であるアメリカ国民の、中心部分である白人の労働者たちのために一所懸命になる。

これが「アメリカ・ファースト！」America First！である。

私、副島隆彦が、このコトバを「アメリカ国内優先主義《こくないゆうせん》」と正しく訳した。それなのに日本のテレビ、新聞は今も ✕「アメリカ第一主義」と誤訳し続けている。アメリカ・ファースト！とは、そのままアイソレイショニズム Isolationism である。これも ✕「孤立主義」ではなくて、〇「アメリカ国内優先主義」である。ようやく、「自国優先」と訳す記者たちが出てきた。

「私が一番」という日本語は、意味をなさない。「私が一等賞」では何のことだか分からない。あえて理解すれば、自分が一番かわいい。自分の利益が優先、という意味になんとかなる。アメリカ・ファースト！は、アメリカの国内優先、自国民を優先する政策、という意味だ。

日本でも、前述した「ラスト・ベルト」Rust Belt というコトバは有名になった。「錆《さ》

トランプは白人の下層労働者階級を味方につける。それで選挙に勝つ

アメリカの下層の白人労働者階級は、半分ぐらいが失業している。トランプは彼らのために外国からお金をふんだくる。彼らの支持を獲得して、中間選挙に勝つ。政治家としての王道である。

（上）ウェストバージニア州チャールストンでの演説／AFP＝時事
（下）ペンシルベニア州ウィルクスバリの集会／時事

びついた工業地帯」である。かつては巨大な製鉄所のあったピッツバーグと、オハイオ州のデトロイトの自動車産業の本拠地が、工場の跡地が侘《わび》しく広がるだけの、本当に寂れた地帯になっている。ここに大工場を、もう一度建てさせたいのだ。

トランプは、この錆《さ》びついた州に、遊説《ゆうぜい》によく行く。3万人から4万人の聴衆を集めて演説集会を開く。スタジアムに人が入り切れない事態が続いている。

会場に収容しきれないほどの国民が、トランプの演説を聞きに集まってくる。これだけのアメリカ大衆の支持を得ているのである。なぜか日本のメディア（テレビ、新聞）が、このアメリカの現状を報道しない。

トランプが中間選挙に勝ったあとは、もう12月でクリスマスである。アメリカ人は、自分の子どもに最低でも300ドル（3万円）とかの贈り物をできないと、親として立つ瀬がない。そういう国民である。だからトランプは、クリスマスまでは、何としてでも景気を保《も》たせて「ほら、景気いいだろ。みんな仕事があるだろう。私の努力なんだぞ」と、トゥイッター Twitter で毎日のように書き続けている。そして株を計画的に吊り上げている。

●兵器購入と引き替えの追加関税回避

この章の初めで説明した貿易戦争の話を続ける。

トランプの貿易戦争（通商交渉）は、前述したように各国を2国間の交渉に引きずり込むことだ。アメリカへの輸出品に25％の高い関税 high tarrifs《ハイタリフ》 でギュウギュウと締《し》め上げる。日本もこの夏から、茂木敏光《もてぎとしみつ》（経済再生担当大臣）とロバート・ライトハイザー（USTR《ユーエスティーアール》代表）が2国間の通商交渉を始めた。

この閣僚級会議を、アメリカは以後FFR《エフエフアール》（free《フリー》 自由、fair《フェア》 公正、reciprocal《レシプロカル》 相互的）と呼ぶことに決めた。自由で公正な相互の対話という意味であろう。アメリカは厚かましくなると、だいたい「フェアな交渉」と言う。

「日米通商交渉が始動へ、米国の自動車への輸入制限措置が焦点に」

茂木敏充経済再生担当相とライトハイザー米通商代表部（USTR《ユーエスティーアール》）代表による新しい枠組みでの日米通商交渉が8月9日、米ワシントンで始まる。2国間交渉で有利な条件を引き出したい米国と、環太平洋連携協定（TPP《ティーピーピー》）の枠組みで自由貿易を進めたい日本の思惑が平行線をたどる中、米国が検討している自動車や部品への輸入制限措置が焦点となる。

２０１７年の日本の自動車の対米輸出は１７４万台と全地域の４割を占める。米自動車関税が適用された場合の影響は甚大だ。ＳＢＩ証券の遠藤功治《えんどうこうじ》アナリストは、米国への完成車輸出に25％の関税が適用されると、トヨタ自動車で1兆円、国内自動車メーカー全体では２・２・５兆円規模のマイナスの影響が出ると試算する。

世耕弘成《せこうひろしげ》経産相は7月18日のインタビューで、「自動車への追加関税は日本経済に対する影響が非常に大きい」とし、（日本への）報復措置を発動していない「鉄鋼・アルミニウム関税とは違う対応になるだろう」と述べ、対抗措置を取る可能性に言及した。

（ブルームバーグ　２０１８年8月7日）

このあと9月26日に、安倍晋三首相がニューヨークに行って、トランプ大統領と日米首脳会談を行なった。安倍晋三はその６日前の自民党総裁選で、石破茂《いしばしげる》に勝ったばかり（圧勝ではない）だ。２０１９年の夏にある参議院選挙をどうにか戦って、首相のまま11月20

日本（安倍政権）は兵器2兆円を買うことでトランプの歓心を買った。自動車と農産物イジメを回避した

AFP＝時事

安倍晋三は9月27日に、ニューヨークでトランプと日米首脳会談を行なった。兵器（今の日本語では防衛装備品）のオスプレイV-22とイージス・アショアを買うことで、高関税25%を一旦は許してもらった。

しかしトランプは、これから本気で日本を絞《し》め上げるつもりだ。

日になれば、桂太郎《かつらたろう》（第11、13、15代首相。安倍と同じ長州《ちょうしゅう》の人）を抜いて、歴代史上最長の首相在任期間になる。

新聞記事は以下のように伝えている。

「日米、物品協定交渉入り合意　協議中は車《くるま》関税上げず」

日米両政府は9月26日（日本時間27日未明）、2国間のモノの貿易を自由化する物品貿易協定（TAG《ティーエイジー》）の締結に向けた交渉を始めることで合意した。TAGは投資・サービス分野などを含む自由貿易協定（FTA《エフティーエイ》）とは異なるとされる。9月26日に開いた日米首脳会談で安倍晋三首相とトランプ米大統領が合意し、両政府が共同声明を発表した。

共同声明には、交渉中は「声明の精神に反する行動を取らない」との一文を盛り込んだ。記者団の取材に応じた茂木敏充経済財政・再生相はこの部分について、米国側が検討する輸入自動車にかける25%の追加関税が「交渉中は課されない、ということを首脳が確認した」と述べ、「交渉中は追加関税の発動が見送られる」との認識を示した。

共同声明では日本の農産品について、環太平洋経済連携協定（TPP）を念頭に「過去の経済連携協定（EPA）で約束した譲許《じょうきょ》内容（引用者注。日本製品にかける関税は最高でも9％）が最大限」と明記。茂木氏は、農産品分野ではTPP水準を超えた自由化をしない、と米国側に念押ししたことも明らかにした。

実際の交渉入りの時期について茂木氏は、米国議会の手続きなどがあるため「少し時間がかかる」としたが、「日米が関税について自由で公正な新たな枠組みを構築することは、国際経済全体に良い影響を与える」と述べた。TAG交渉はモノの貿易に関する関税引き下げ交渉のほか、税関手続きの円滑化などの交渉も含む。

（日本経済新聞　2018年9月27日）

どうやら安倍首相は、「アメリカ製の兵器を、たくさん買いますから（おそらく2兆円）。高関税《ハイ・タリフ》は勘弁してください」と、トランプに取り縋《すが》って、それでひとまずは合意した。オスプレイV‐22とイージス・アショアの買い増しで2兆円分買うようだ。これで、自動車の8兆円、農産物2兆円への高関税を許してもらった。兵器（防衛装備品）の購入でトランプを宥《なだ》め賺《すか》した。

3章

2024年の大恐慌に向けて世界はこう動く

ふんだくって、稼いでやる」

Donald J. Trump
@realDonaldTrump

フォローする

Tariffs are the greatest! Either a country which has treated the United States unfairly on Trade negotiates a fair deal, or it gets hit with Tariffs. It's as simple as that - and everybody's talking! Remember, we are the "piggy bank" that's being robbed. All will be Great!

4:29 - 2018年7月24日

（副島隆彦訳）

関税をかける、というやり方はやはり素晴らしい。これまでアメリカをいいように騙してきた国は、どの国も公正な取引をするか、さもなければタリフ（関税）をくらえ。簡単に分かることだ。アメリカ国民は、みんなそう話している。

いいかい。我々アメリカ人は、豚ちゃん貯金箱のように扱われて、いいように諸外国から泥棒されてきたんだぞ。みんなで頑張ろうぜ。

（2018年7月24日のtwitter）

トランプ「俺が外国からカネを

Donald J. Trump
@realDonaldTrump

フォローする

..Because of Tariffs we will be able to start paying down large amounts of the $21 Trillion in debt that has been accumulated, much by the Obama Administration, while at the same time reducing taxes for our people. At minimum, we will make much better Trade Deals for our country!

5:06 - 2018年8月5日

（副島隆彦訳）

我が国（連邦政府）は、21兆ドルもの巨額な財政赤字を抱えているんだ。タリフ（関税）を諸外国にかけることで、初めてこの大借金の返済を始めることができる。この大赤字はオバマ政権のときに、どんどん積み上げられたものである。外国製品への高関税によって、アメリカ国民の税金を引き下げることができる。

最小限度、我々は自分の国のために、貿易取引をもっと有利なものにできるだろう。

（2018年8月5日のtwitter）

●トランプ自身が認めた、アメリカの大借金問題

前ページの画像にある2つの英文は、前章（P41他）で説明したアメリカの財政赤字のヒドい現状について、トランプ大統領自身がトゥイッターに投稿したものだ。

このトゥイッター（8月5日）で、トランプは、はっきりと**ワシントンの中央政府（連邦政府）だけで、実に21兆ドル（2300兆円）の財政赤字を抱えている**ことを、ペロリと正直に白状している。この「21兆ドル（2300兆円）のアメリカ政府の財政赤字《インデット》」という数字は、日本人が、しっかりと脳に刻み込むべき数字だ。

だがアメリカは、もっとさらに巨額の政府赤字を抱えている。アメリカは、この中央政府の21兆円の財政赤字以外に、50の州と40の大都市が抱える、同じぐらいものすごい金額の財政赤字がある。これにさらに、健康保険と年金支払いの赤字分が累積《るいせき》している。だから、おそらくこの**21兆ドルの3倍。すなわち60兆ドルから70兆ドルの財政赤字を、アメリカの政府部門は隠し持っている。**

そして、なんとこれと同じくらい民間部門で積み上がった赤字がある。大銀行や大証

券、生保などの金融法人が、合計で60兆ドルくらいの隠れ借金を簿外《ぼがい》（オフ・ブック）の累積借金で抱え込んでいる。これらの隠れ負債（hidden debt　ヒドゥン・デット）は、子会社のノンバンクに移して密かに貯め込んでいる。

これを日本語では、「飛ばし」という。アメリカ政府の会計検査院（GAO《ジーエイオウ》。ガヴァメント・アカウンタビリティ・オフィス）は、これらを検査しないで、見て見ぬふりをしている。この真実が少しでも表《おもて》に出ることがあったら、アメリカ資本主義はガラガラと崩れ去る《カタストロフ》からである。

アメリカは政府と民間の両方で、だから合計で120兆ドル（1京《けい》4000兆円）の赤字を抱えているのだ。

この21兆ドルの連邦負債《フェデラル・デット》の利子分だけで、21兆×3％（10年もの米国債の利回り《イールド》）＝年間6300億ドル（70兆円）の支払いがある。毎年、毎年これだけの支払い義務がアメリカ政府にのしかかっている。せめて、利子分だけでも返済を充当しなければいけない。だからアメリカ財務省（その一部である行政管理予算局OMB《オウエムビー》。日本の財務省主計局）は、秘密で数字の辻褄合わせをやっている。そのために、日本政府および日銀を脅し上げて、日本から〝食べられないお金《かね》〟uneatable money《アンイータブル　マネー》（帳簿上だけの数字）の30兆円をだいたい毎年差し出させているのである。

今のアメリカにとって、日本ほどよく言うことを聞く忠犬ポチ公はいない。日本ほどアメリカのために、気前よくお金をつくって差し出す国はいない。長年、〝アメリカ助けの両雄〟だったサウジアラビアもいいかげんイヤになっている。トランプ自身が前掲したトウイッターで書いているとおり「豚《ぶた》ちゃんの貯金箱」（piggy《ピギー》 bank《バンク》）は、まさしく日本である。打ち出の小槌《こづち》あるいは金《かね》のなる木と言うべきか。ちょっと前のコトバで言えば、日本はアメリカの「おサイフケータイ」である。


アメリカへの先進国からの輸入品すべてに25％のハイ・タリフ（高関税）をかけると、これだけでアメリカ財務省は、年間で２０００億ドル（23兆円）ぐらいを懐《ふところ》に入れることができる。これだけでも大いに助かる。これで、せめて利子分だけでも払える。トランプは、これを必死でやっているのだ。会社の社長の仕事と同じだ。

このようにして外国との貿易から巻き上げるお金《かね》は、実需の、生《なま》の生きているカネだ。前述した〝食べられないお金《かね》〟（実体のないお金）ではない。本当に食べることができるカネ eatable money《イータブル マネー》だ。

関税《タリフ》も税金《タックス》の一種である。国家《こっか》の起源は強盗国である。「ここを通りたかったら銭《ぜに》を寄《よ》こしな」の通行税（トールゲイト・タックス）から国家という暴力団（山賊《さんぞく》）は始まったのだ。だから海賊《パイレイツ》と同じようなもので、「この港に入った船荷にはすべて税をかける」が関税《タリフ》なのである。

関税を外国製品にどんどんかければ、政府の懐《ふところ》は本当に潤《うるお》う。こうなったら自由貿易体制（フリートレイド・オーダー）もへったくれもない。自国の利益優先の保護貿易主義（プロテクショニズム）そのものである。保護貿易は、普通は貧乏な国（発展途上国）が自国の弱い国内産業を世界競争の嵐から守るために主に行なうものだ。ところが、これを帝国《エムパイア》であるくせに、アメリカはみっともないと分かったうえで実行に移した。

トランプは、なりふり構わずやる。米議会も国民も、この対外政策を「そうだ、そうだ。外国を痛めつけろ」と支持している。すべては「国内優先、自国民優先」だ。これが、まさしくアメリカ・ファースト！　だ。

トランプは**「俺がこうやって、諸外国から資金を巻き上げてきてやったぞ。この分だけで20兆ドル（2300兆円）だぞ。他にも取ってくるぞ。これでアメリカ連邦政府の累積の借金の利払いが、ようやくできるようになったぞ」**と、前掲したトゥイッターに正直に、ペロリと書いた（8月5日。P91の画像を参照）のである。

前述したとおり、はっきりと公表されている総額21兆ドル（2300兆円）の1年間分の利子分だけで、毎年21兆ドル×3％＝6300億ドル（70兆円）である。「せめて、この利子分だけでも俺が稼いでみせる」と、トランプは企業経営者として、自分の子分たちである米財務省官僚に向かって啖呵《たんか》を切っているのだ。

「俺は他の歴代大統領たちのような能無《のうな》しではないぞ。口ばっかりのキレイごと人間じゃないぞ。大事なのはカネだ。カネを俺がお前たちに持ってきてやる」と強盗団（山賊）の大親分《おおおや》のような感じそのものなのである。

経営者というものは、会社が抱える借金が死ぬほどイヤだ。経営とは、借金地獄の中で、のたうち回りながらやるものだ。ということは、その分だけ外国に対しては厳しい態度になる。きれいごとなど言っていられない。こうやって日本は、ますますアメリカの餌《え》食《じき》にされて貧乏がひどくなる。

●「高関税はスゲー」

前掲のもうひとつの7月24日のトゥイッターでは、はっきりと「外国に高関税《ハイ・タリフ》をかけるやり方はスゲーぞ」と言い切っている。このトゥイッターにメディアも反応した。

「トランプ大統領「関税は素晴らしい」と警告」

トランプ米大統領は、7月24日、米欧首脳会談を翌日に控え、ツイッターへの投稿で「(引用者注。私がやった) 関税は最高に素晴らしい!」と述べ、「米国の貿易相手国・地域が公正な取引《フェア・トレイド》の交渉をしない場合はさらなる関税を課す」と警告した。

トランプ大統領と欧州連合(ＥＵ)の行政執行機関(引用者注。これがＥＵ政府)、欧州委員会《ユーロピアン・コミッション》のユンケル委員長は、25日、ホワイトハウスで貿易戦争阻止を目指し会談を行う。トランプ大統領は先週の米ロ首脳会談で、ロシアによる２０１６年米大統領選(への)介入について、「私は自国の情報機関よりもプーチン大統領を信用する」と発言した。このことで国内で批判を受けて、その対応に追われている。

トランプ大統領は24日のツイートで、「貿易で米国を不当に扱ってきた国は、公正な取引を交渉するか、さもなければ関税の直撃を受けることになる」と指摘した。「これは非常に単純であり、誰もが話している！　アメリカは金を奪われている『貯金箱』だということを思い出すべきだ。あらゆることが素晴らしくなるだろう！」とコメントした。

（欧州委員会の）当局者によると、ユンケル氏はトランプ大統領に2つの道筋を示唆する方針とされる。1つは米国、欧州、日本、カナダなど自動車輸出国・地域間で自動車関税引き下げの合意を取り結ぶという内容。もう1つは工業製品に関する自由貿易協定を米国とEUの間で結ぶという方向性だ。これはオバマ前米政権が目指した環大西洋貿易投資連携協定（TTIP）の範囲を狭めたものに相当するという。

（ブルームバーグ　2018年7月25日）

こうやって、トランプは諸外国から関税という名の税金をぶったくって、大統領自《みずか》らカネ稼ぎをやる。

だから貿易戦争というのは、日本人が考えているような「厳しい交渉事」という意味だけではない。トランプにしてみれば、実体経済（実需ベース）を外交交渉なんかで簡単に変えられるわけがない、とよく分かっている。「アメリカ国内に工場を移せ、といくら脅し（命令し）ても、何年もかかることだ。それよりも、実際に国の収入を増やすことが大事だ」と。これが大人のやり方というものだ。軽い脅しと、賺《すか》しと、ニコポン路線で安倍晋三首相を軽くいたぶる。

　このトランプのやり口は、１９８０年代のリチャード・ゲッパート議員の手法だ。ゲッパート議員（民主党）が、今回、トランプが発動した「通商法３０１《スリーオウワン》条項」の修正条項をつくったのだ。「ゲッパート修正」Gephardt Amendment《ゲッパート アメンドメント》である。これがもっと強化されて、時限立法の「スーパー３０１条」になった。ゲッパートは民主党の大物議員で、大統領候補だった。

　トランプは通商法３０１条で、まず3月22日に「中国の知的財産権侵害に対して、制裁関税を課す」と発表した。それから2回続けて制裁関税をかけて、総額が２５００億ドルになった（9月24日）。その前の3月初めには、中国の鉄鋼とアルミ製品に対して「通商拡大法２３２条　国家の安全保障条項」を振りかざして追加関税をかけた。安全保障《ナショナル・セキュリティ》を理由にすれば、ナベでもカマでも追加関税をかけられる。

　ここからが大事なことだが、トランプという男は、１９７０年代の民主党《デモクラット》の政策を実行している大統領だ。トランプ（や、元NY市長でトランプの顧問弁護士でもあるルディ・ジュリアーニ）たちは、1970年代（まだ30代の若者だった）にはニューヨークの民主党員であり、「ベトナム戦争反対」だったのだ。それが80年代に、警察（公務員）労働組合ごと、丸ごと保守化して共和党寄りになっていったのだ。この私の指摘は重要なのである。

エネルギー計画に示された「推定50兆ドル」の隠された真実

前述したアメリカの隠し込んだ財政赤字60兆ドル（7000兆円）につなげて書く。トランプが大統領の就任時に示した方針がある。これがトランプ政権にとっての、本当の大方針であり、国民に対する大きな約束であった。この「トランプ就任時大方針」の中にエネルギー計画 America First Energy Plan がある。この中で、次のような計画が公表された。

「シェール革命を推《お》し進め、推定50兆ドルの価値がある全米各地の、まだ手つかずのシェールや油田やガス田の埋蔵エネルギーを利用する」
'We must take advantage of the estimated $50 trillion in untapped shale, oil, and natural gas reserves.'
となっている。

ここに「50兆ドル」という金額がはっきりと明示されたことが重要なのである。

トランプ政権は、この埋蔵エネルギーの金額換算50兆ドル分を掘り出してアメリカを復興させる、と考えた。これらを採掘して活用することで、「この50兆ドルと同額を使って、国内すべてのボロボロになっているインフラストラクチャー（道路や橋や電力配送設備《パワー・グリッド》や港湾、都市再開発など）をやり直す費用に宛《あ》てる」という計画をぶち上げたのだ。

だが、**真実は、アメリカの国家財政に60兆ドルの隠されて積み上げられた財政赤字があることの見返りとして、急にこの「50兆ドル」という巨大などんぶり勘定の金額を出してきた**のである。

政治家は、空理空論では動けない。もし何か経済政策を実行しようと立案したら、「その財源《ざいげん》はどこにあるのか」と必ず問われる。財源の根拠を提示しないで政策をぶち上げると笑い者になる。だから「全米各地に眠っている油田とガス田（シェールガスも）を掘り出せば、50兆ドル分になる」という途方もない、夢のような資金を根拠にした。

全米各地の油田やガス田を、トランプ時代になって新たに掘り始めたのは事実である。そのために、これまで環境保護を理由に採掘許可が下りなかった多くの鉱山主や油田所有者が、法規制の撤廃で動き出した。

ＥＰＡ《イーピーエイ》「環境保護局」United States Environmental Protection Agency という役所がある。ここが、これまで自然環境保護を理由に厳しく開発許可を規制してきた。このＥＰＡに新しい長官として乗り込んだスコット・プルーイットは、この役所の中で職員たちと怒鳴り会いの大げんかをしながら、規制撤廃（法律だけではない。実施規定の類《たぐい》も）で激しく戦った。

彼は7月5日にクビになった。トランプは彼のことを誉《ほ》めた。クビにされたのは、役所の専用機を、奥さんの買い物同伴とか私用に使ったと、民主党の過激派の自然保護運動活動家（environmentalist《エンヴァイロンメンタリスト》）たちにスキャンダル攻撃されたからだ。それで辞職に追い込まれたのだ。

企業経営者やデベロッパーたちにしてみれば、トランプ政権は自分たちのビジネス（商売）の大きな追い風、支援者である。これで現に、全米で石油や天然ガス、鉱物資源の採掘がさかんになっている。それらはおそらく、河川を汚したり、都市部で小さな地震が起きたりの被害につながって現われる。

天然ガス（シェールガス）の主要な産地は、ノース・ダコタとサウス・ダコタ両州である（五大湖の西側）。ここからまっすぐ南に下ってテキサス州と、あるいは東にパイプラインを通して、サウスカロライナ州で港から海外にも持ち出す計画である。

このアメリカ産シェールガスを無理やり買わされる計画で、日本の大商社たちが軒並み雁首《がんくび》そろえて、それを日本に運べと言われているのだ。住友《すみとも》商事は2015年3月期に1700億円を損金処理した。三井物産は、どうやら累積で1兆円ぐらい損したようだ。これらの残酷な話は、私の本以外、表に出ない。シェールガスの積み出し港づくりとLNG《エルエヌジー》の設備用にお金を出さされたのだ。

だが、これらは思うほどうまくいかない。なぜならアメリカ合衆国は先進国である。先進国で、今になって第2次産業である鉱物資源取り出しをやっても、それは経済法則《エコノミック・ラー》に合わないのだ。

●それは、政府債務60兆ドルの「反対勘定」だった

　インディアン・リザーブ（インディアンの居留地として保護されている地区）は、湿地帯が多く、そこで石油や天然ガスが出る。今のアメリカ・インディアンたちは、この居留地の中で特別にカジノ（ギャンブル場）を開設する利権を与えられ、麻薬を吸って政府の生活保護給付金で暮らしている。

　これらの土地が、たしかに油田やガス田として大きな埋蔵量を持っている。だが、そこを掘れるわけがない。だから、前述した50兆ドルの埋蔵エネルギー資産価値というのは、いいかげんにするインチキな数字である。この口からでまかせの50兆ドルのインフラ整備代という「財源」は、どうも、60兆ドルある政府・公共部門の大借金に対してぶつけたものである。50兆ドルという資金の反対勘定は、60兆ドルの大借金なのだ。

「我が国にはこれだけの天然資源があり、それに裏打ちされた『公的資産形成』（公共インフラ）があるのだ」と、いかにも財務官僚（勘定奉行）が言いそうなことを、国家プランとしてぶち上げただけなのである。

　この「公的資産形成」というコトバはアメリカ譲りで、日本の財務官僚も自分たちの内

7年間の日経平均とNYダウの値動き（2011年から）

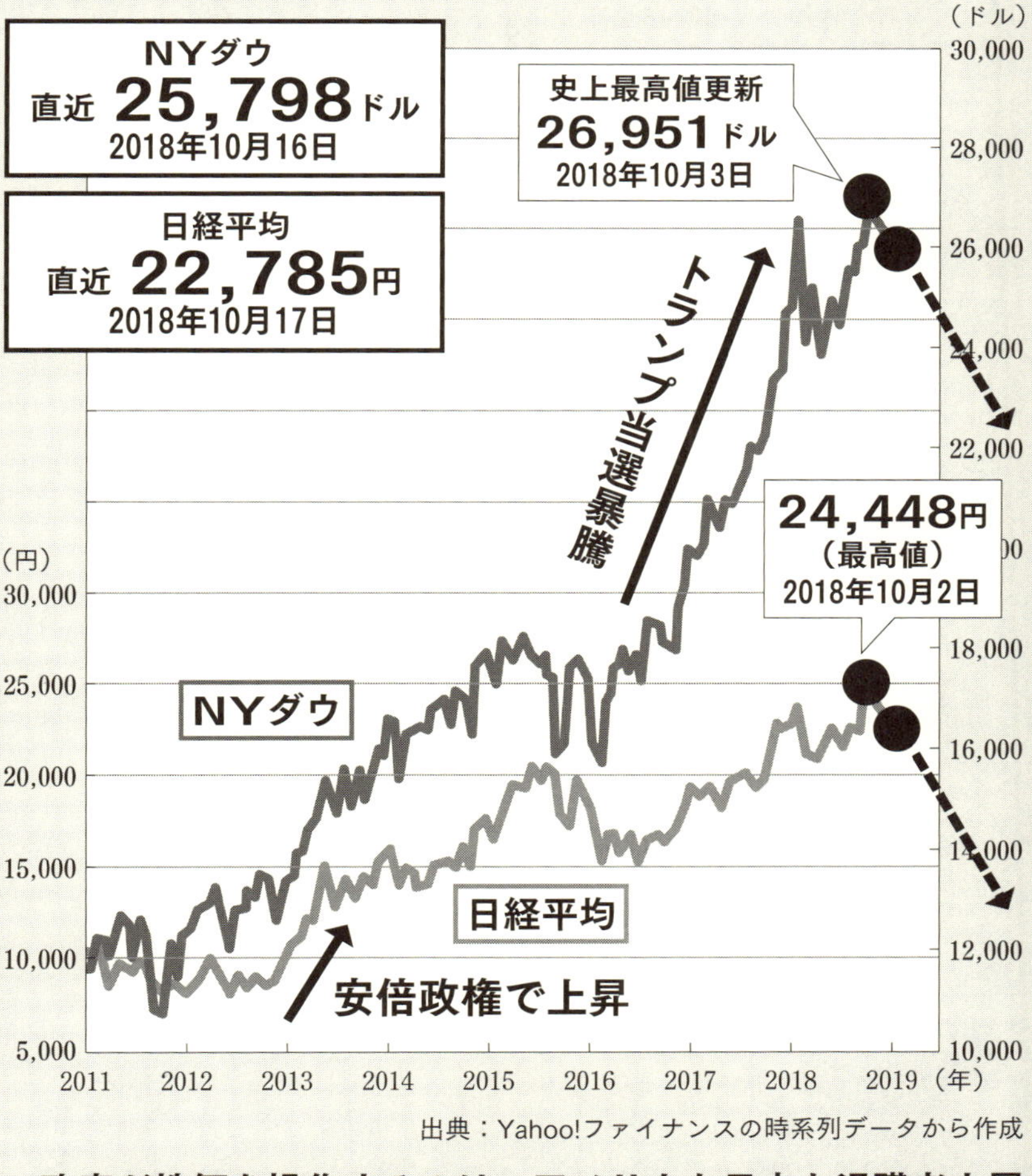

出典：Yahoo!ファイナンスの時系列データから作成

政府が株価を操作するのは、アメリカも日本も退職老人層の年金の支払い分を稼ぐためである。

部ではよく使う。それは「日本政府が抱えている1100兆円の国債発行の残高は、それに見合っただけの公共インフラである立派な道路や橋や建物がたくさんあって、このために使った資金は財政赤字に見合っているのだ」という開《ひら》き直《なお》りの理論でよく使われる。

私にとっては、トランプ政権が最初にぶち上げた、この「埋蔵エネルギーの含み資産の価値50兆ドル」というのは、「その反対勘定に、60兆ドル（7000兆円）の巨額な累積政府債務があることの証明であり、証拠である」となる。

6大IT銘柄の異常な株高現象

だから貿易戦争《トレイド・ウオー》などで真実の世界は動いていない。本当に危険なのは、前述した財政赤字と巨額に刷りすぎたお札（紙幣）と国債（借金証書）である。これが爆発したときが一番怖いのだ。

トランプは、わざと手品をやってみせている。自分がやれる人騙《ひとだま》しを精一杯、芸能人の目立ちたがり根性丸出しでやってみせている。政治の責任者だから、何か起きたら、どうせ自分が責任をかぶらなければいけない。だから、伸《の》るか反《そ》るかの大芝居のパフォーマンスを、毎日見せてくれている。

こうして今年の末までは、何とかアメリカ国内の好景気を維持する。

だが、来年になったら、分からない。株価は落ちるだろう。「トランプ暴落」が起きるだろう。

10月３日に、ＮＹダウは史上最高値を更新した（２万６９５１ドル）。今年１月26日につけた最高値の２万６６１６ドルを突き抜けた（Ｐ105のグラフ参照）。11月までに２万７０００ドル台の史上最高値を達成する可能性も見えた。が、「トランプ暴落」の予兆のように、10月10日に８３２ドル暴落した（終値で２万５５９８ドル）。日本の株価も、これに連動して１０００円も下げた（10月11日）。

それでも、〝トランプ吊り上げ相場〟は、まだまだ続くだろう。今年いっぱいは続くように見える。あとのほうに載せる６つの巨大ＩＴ株銘柄が、ＮＹ証券取引所（ＮＹＳＥ《ナイス》 New York Stock Exchange）と、米ナスダック Nasdaq 市場の、時価総額合計の13％をつくり出している。異常な株高現象である。アメリカによる世界金融支配を如実に物語っている。ＮＹで株を買わない者は人間にあらず、の感じだ。

去年の2017年初めから、NYの「IT値嵩株《ねがさかぶ》」を買う動きが日本の投資家にも見られた。それが、①アップル ②アマゾン ③マイクロソフト ④グーグル（アルファベット）⑤バークシャー・ハサウェイ ⑥フェイスブック の〝AAMGBF《アーマグブフ》〟だ。バークシャー・ハサウェイ（ウォーレン・バフェット会長）は、IT企業ではなくて投資専門会社だ。だが、これらのIT巨大企業の株を今はたくさん持っているので、この中に入る。

アップルの時価総額が、8月2日に、1兆ドル（110兆円）を超した。とんでもない高値である。アマゾンもこれを追いかけるようにして、9月4日に、1兆ドルを超した。これらの現在の株価と時価総額は左の表のとおりである。

このITトップ6社の時価総額を合計すると、4・8兆ドルになる（500兆円。9月末現在）。NYSEとナスダックの上場株式の合計は38兆ドル（4000兆円）である。この全体に対して13％である。

NYの株価は、トランプ政権によって着実に操作され、吊り上げられている。前述したように、2017年に入って、日本人の個人投資家たちもアップルやアマゾン株を買うよ

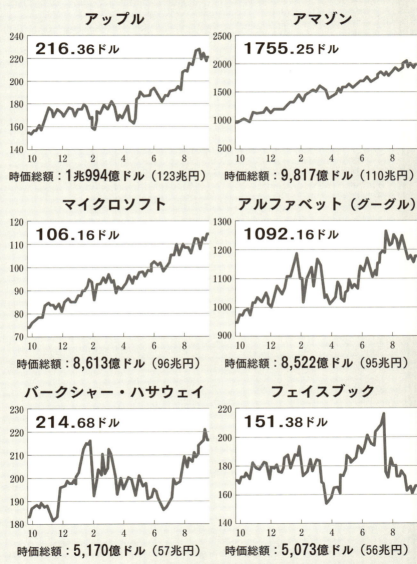

米IT上位6社の株価と時価総額

アップル

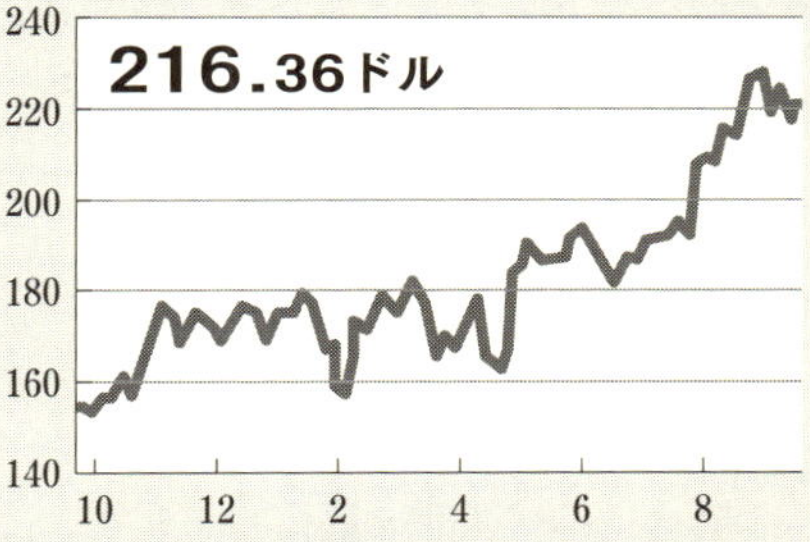

時価総額：1兆994億ドル（123兆円）

アマゾン

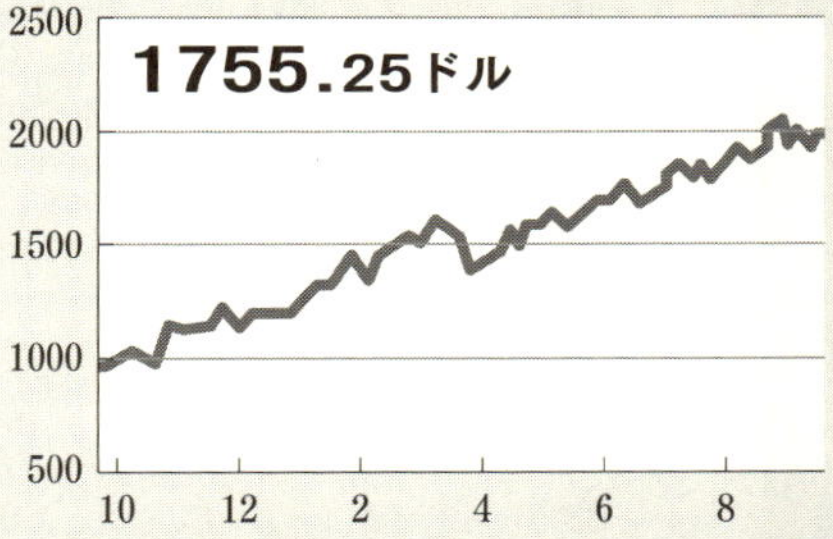

時価総額：9,817億ドル（110兆円）

マイクロソフト

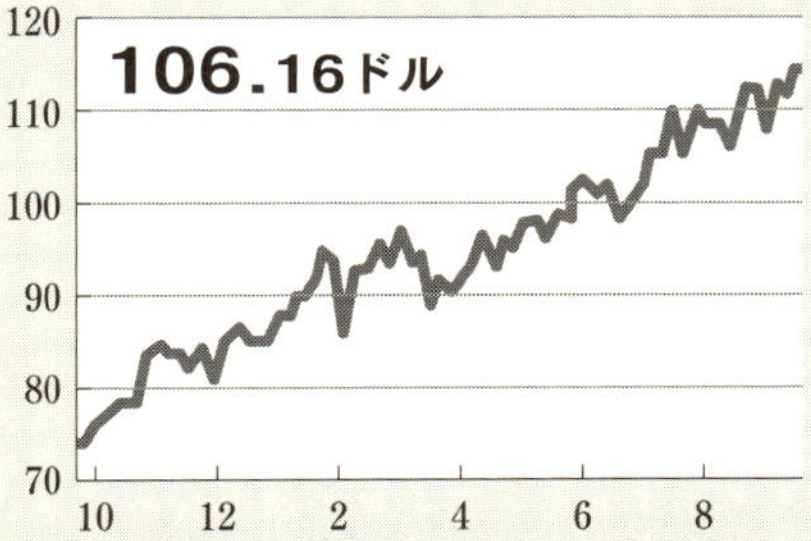

時価総額：8,613億ドル（96兆円）

アルファベット（グーグル）

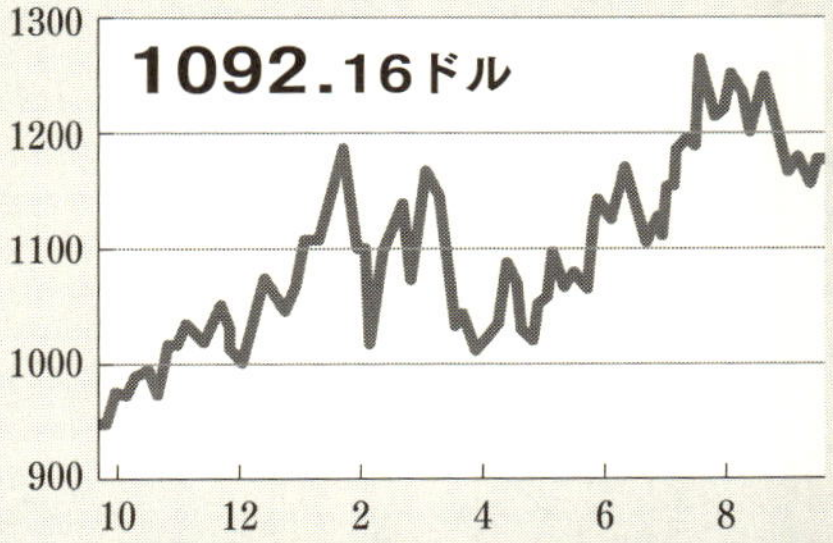

時価総額：8,522億ドル（95兆円）

バークシャー・ハサウェイ

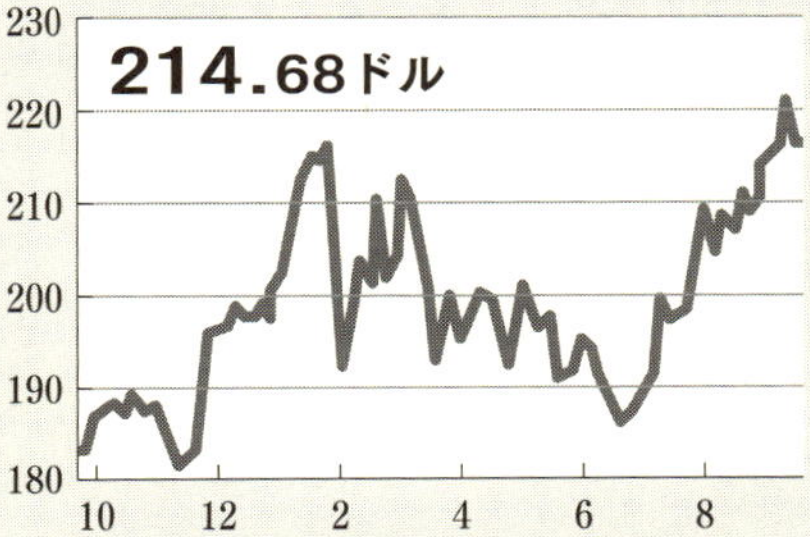

時価総額：5,170億ドル（57兆円）

フェイスブック

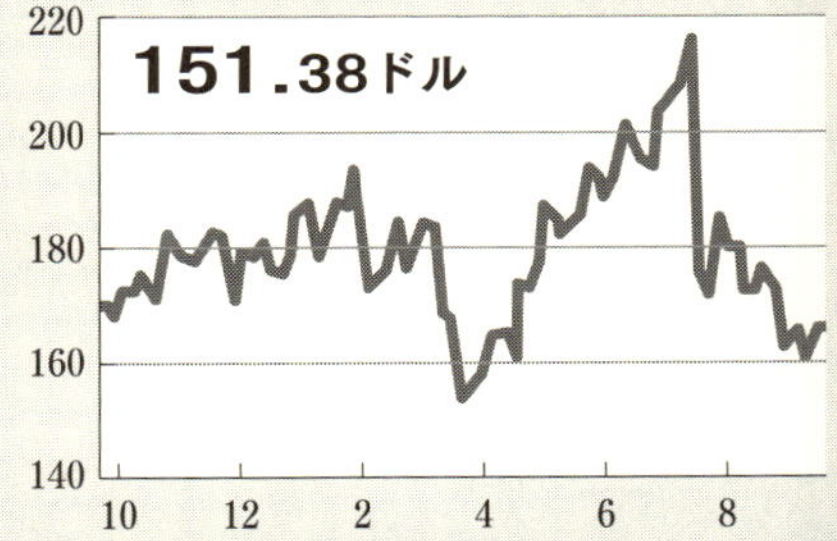

時価総額：5,073億ドル（56兆円）

株価は2018年10月10日現在、時価総額は8月末のもの

うになった。それで儲かった。

だが、私は、もうそろそろやめるべきだ、と言う。フェイスブックは7月26日に、株価が20％も暴落した。時価総額が1日で1200億ドル（13兆円）吹き飛んだ。フェイスブックはこの4月に、8700万人の個人情報が流出する事件を起こした。それが四半期決算に大打撃を与えた。この暴落で、CEOのマーク・ザッカーバーグは株主から訴訟を起こされている。

トゥイッター社は、株価は小さいが、ここも不正なアカウントを削除したことで利用者が減り、7月27日に暴落した。グーグルの子会社であるユーチューブも事件を起こして株価が下落した。

こういう動きがこれからも起きる。アップルやアマゾンの「時価総額1兆ドル超え」は象徴的《シンボリック》な動きだ。もう、どう考えても高すぎる。アメリカ経済が好景気であるのは、この通信会社（たかが通信）たちの吊り上げられた株価と、トランプの減税政策が理由だ。

「トランプ減税」は「今後10年間で1・5兆ドルの減税」というものだ。1年間に直すと1500億ドル（17兆円）である。これがアメリカ人口の半分（1・5億人）の労働生産人口に対して、２０１８年は１人あたり年１６００ドルの減税になるとアメリカの租税政策センター Tax Policy Center が試算した。減税（タックス・リフォーム）で、サラリーマン層の可処分所得が１６００ドル（18万円）ぐらいできた、ということだ。それが消費に回って景気が良いように見せかけている。この動きが年内は続く。

減税はそのまま、アメリカの国家財政に負担が行く。減税の財源は、米財務省が赤字国債を積み増すことで、つくられている。それをＦＲＢが引き受けて、その分だけまたしてもＦＲＢの資産《アセット》勘定（本当は大借金）が異様に増えるだけだ。

銀行の会計帳簿の資産《アセット》は、普通の企業とは逆だ。銀行の資産は、本当は銀行が内部に抱えてしまった負債（借金）である。この財政問題の危険な状況を、株価をめちゃくちゃに吊り上げることで（この3月から9月までの半年でＮＹの株価は１・４倍にも跳ね上がっている）隠そうとしている。これは異常な動きである。これが来年、水準を訂正されて、どこかの時点で暴落を始める。暴落しなくても、国の財政で、やってはいけない赤字の積み増しが続く。

トランプは分かっている。

「こんなに大きな額の政府の大借金を、俺は、大統領になって教えられるまで知らなかった。俺の時代になんとかすることはできない。ますます借金が増え続ける仕組みを止めることはできない。俺が諸外国を虐《いじ》めて、ちょっとぐらい稼いできても何も事態は変わらない」と知っている。

それでも「やるべきことはやる」という感じだ。

●新興国の債券暴落は、どれほど危険なのか

8月10日に、トルコのリラ通貨がドルに対して4割急落した。トルコ国債の利回り《イールド》は年率9％へ上昇（急騰《きゅうとう》）した。

これは、P36で前述した新興国で起きている国債暴落の典型だ。国債暴落が世界中の新興国（後進国）で、すでに始まっている。アルゼンチンは、8月30日に政策金利（短期金利）が、なんと年率60％になった。国債利回りは9年債で23％にまで跳ね上がっている（10月現在）。すでに破綻《はたん》国家だ。他にもこういう国が続出している。

こうして新興国（発展途上国）の財政のひどさばかりが騒がれる。だが、米、欧、日の

先進３カ国が裏に隠している財政赤字のすごさに比べれば、こんなものはわずかなものである。

新興国のドル建ての負債総額は６兆ドル（６６０兆円）以上にのぼると新聞記事はよく書く。だがしかし、これは先進国が抱えている累積債務（しかも公表されている分だけ）のだいたい10分の1である。

先進国のほうが問題なのだ。貧乏な国々の危機をあれこれ言っていること自体が、先進国の危機の反映でしかない。

「新興国の債券、大量償還時代に　今年から年100兆円」

新興国の国や企業が発行している債券が、２０１８年から大量に償還を迎える。今後３年間で毎年、過去最高となる１００兆円（1兆ドル）規模の返済が必要になる。３年前と比べほぼ2倍だ。超低金利を背景に債券発行を増やしてきたが、米国など世界の中央銀行は大規模緩和の出口に向かう。今後は金利上昇で借り換えのコストが重くなる見通しで、新興国経済の新たなリスクとなりそうだ。

２００８年のリーマン・ショック以降、世界の中央銀行は大規模な資金供給（引用者注。これが、ジャブジャブ・マネーだ）で景気を下支えしてきた。世界的に超低金利が続いたので新興国の政府や企業は低い金利で債券を発行し資金を調達してきた。低金利のために運用難となった投資家は、ギリシャやアルゼンチンといった信用力の低い国の債券でも（引用者注。危険を覚悟で）購入してきた。

調査会社ディールロジック社によると、今後3年で満期を迎え償還が必要になる債券は3兆2297億ドル（約360兆円）にのぼる。内訳は国債が1割、社債が9割で、合計した償還額は、18年に8919億ドル、19年に1・1兆ドル、20年に1・2兆ドルと毎年増えて過去最高の更新を続ける。

（日本経済新聞　2018年8月7日）

問題は、新興国（中国を含む）ではない。そこにも巨額に貸し込んでいる先進国のほうなのだ。

GPIF《ジー　ピー　アイ　エフ》の運用資産の内訳

1	国内債券（日本国債）	43兆7,058億円	27.14%
2	国内株式（日本の大企業の株）	41兆1,399億円	25.55%
3	外国債券（ほとんどが米国債）	24兆7,060億円	15.34%
4	外国株式（NYダウ工業株など）	40兆7,753億円	25.33%
5	短期資産（預金、現金）	10兆7,080億円	6.65%
	合計	161兆351億円	100%

2018年6月末。GPIF発表

GPIFは日本国債の保有額を減らしている。マイナス金利の影響である。

●公的マネー（ＧＰＩＦと日銀）が日本の株価を吊り上げている

日本の株価はこれからどうなるか。２０１８年の日経平均は、１月23日に最高値の２万４１２９円をつけ、さらにこの10月２日に年初来高値の２万４４４８円をつけた（Ｐ105のグラフ参照）。直近の10月10日は２万３５８９円（高値）である。

翌日の10月11日に、一時１０００円下げて２万３０００円を割った。が、10月16日には少し戻した。１月につけた最高値を乗り越えていきそうだ。日本の輸出大企業の株を、ＮＹの連中がまだまだ買い進んでいるからだ。ＮＹ相場への連《つ》れ高《だか》の様相である。

ＧＰＩＦ《ジーピーアイエフ》（Government《ガヴァメント》 Pension《ペンション》 Investment《インベストメント》 Fund《ファンド》 年金積立金《ねんきんつみたてきん》管理運用独立行政法人）と、日銀ＥＴＦ《イーティーエフ》が、これらをさらに買い増している。安倍晋三政権が、トランプ大統領に媚《こ》びながら、貿易戦争をのらりくらりとかわしながら、国内の資金だけを大事にして（アメリカへの上納金として差し出した分を除いた、という意味）、なんとか定年退職老人たち向けの年金資金を稼ぎ出している。日本の株価はＮＹダウの史上最高値（２万６７７３ドル）に連れ高して、年内に２万５０００円台を目指すだろう。

ＧＰＩＦが運用する資産（資金）は、Ｐ115の表からも分かるように、現在１６１兆円の残高がある。そのうち25％にあたる41兆円を使って、日本の株価（日経平均）を吊り上げている。これに、日銀がＥＴＦ《イーティーエフ》（Exchange《エクスチェンジ》 Traded《トレイデッド》 Fund《ファンド》　指数《しすう》連動型上場投資信託）の仕組みを使って、年間６兆円の資金を日本株に投入している。

以前、私は「５頭の巨大な鯨《くじら》（公的マネー）が株式市場で暴れ回っている」と書いた。５頭の鯨とは、①ＧＰＩＦ、②日銀、③共済《きょうさい》年金（国家公務員共済、地方公務員共済、私学共済の３つ）、④かんぽ生命、⑤ゆうちょ銀行の資金のことだ。このうちＧＰＩＦと日銀ＥＴＦは、大企業の株が中心である。ほとんど「日経２２５銘柄」を買って値段を吊り上げ、支え続けている。

ＧＰＩＦは、その他にアメリカの大企業の株や米国債をガバガバ買っている。外国株に資金の25％の40兆円を投入している。日本株買いと同じ規模である。米国債その他の外債《がいさい》も24兆円（15％）買っている。

これら日本国民の大切な年金資金を使って、「２０１７年度は、10兆５７８億円の運用益を出した」と、ＧＰＩＦは大威張りで発表した。２００１年に年金の投資運用を始めてから（その前は年金福祉事業団。略称〝年福《ねんぷく》〟。ＧＰＩＦという独立行政法人になったの

業の筆頭株主である

公的マネー（GPIF＋日銀ETF）が買う日本株

	企業名	GPIF	日銀	公的マネー計	
1	トヨタ自動車	1兆3,562億円	5,936億円	1兆9,497億円	筆頭株主
2	ソフトバンクG	5,254億円	6,091億円	1兆1,345億円	
3	三菱UFJ FG	7,702億円	2,779億円	1兆482億円	筆頭株主
4	ファナック	3,702億円	6,094億円	9,796億円	筆頭株主
5	本田技研工業	5,852億円	3,225億円	9,077億円	筆頭株主
6	ファーストリテイリング	1,094億円	7,873億円	8,967億円	
7	KDDI	4,137億円	4,267億円	8,403億円	
8	日本電信電話	5,830億円	2,215億円	8,046億円	
9	ソニー	5,090億円	2,843億円	7,933億円	筆頭株主
10	三井住友 FG	5,871億円	1,945億円	7,816億円	筆頭株主
	キーエンス	5,166億円			
	みずほ FG	4,451億円			

GPIFは、2018年3月末現在の保有株式銘柄と、その時価総額を公表した。日本株で2321銘柄、外国株で2793銘柄である。このうち外国株の上位20銘柄と日本株の上位10銘柄を、副島隆彦が表にした。日本株のほうは、これに日銀が買い支えている額を加えた。グーグルの持ち株会社であるアルファベットの株式は、「クラスA」（株主総会での議決権がある）と「クラスC」（議決権なし）の2種類がある。合算した。

日本の公的マネーが、NYと東京で、これほどまでに株価の吊り上げを行なうことで好景気のふりをさせている。やっていることはアメリカと同じだ。日本は今や国家資本主義（ステイト・キャピタリズム）の国である。

※G＝グループ、FG＝フィナンシャルグループ

GPIFと日銀が大企

GPIFが買っている外国の株		
	銘柄	保有額
1	アップル	7,333億円
2	マイクロソフト	5,992億円
3	アマゾン	5,651億円
4	フェイスブック	3,468億円
5	JPモルガン・チェース	3,380億円
6	ジョンソン・エンド・ジョンソン	3,103億円
7	アルファベット（グーグル）	5,766億円
8	バンク・オブ・アメリカ	2,817億円
9	テンセント	2,651億円
10	エクソンモービル	2,579億円
11	ネスレ	2,326億円
12	VISA	2,306億円
13	アリババ	2,146億円
14	バークシャー・ハサウェイ	2,078億円
15	ユナイテッドヘルス	2,065億円
16	ウェルズ・ファーゴ	2,022億円
17	インテル	2,005億円
18	サムスン電子	1,964億円
19	シスコシステムズ	1,942億円

は2006年)、年間平均で3・5兆円の利益を出している。これが退職老人たちの年金支払いの原資になっている。アメリカもヨーロッパも同じである。

だから株式が暴落すると、ここから利益が出なくなるので、老人たちへの年金支払額がどんどん減らされてゆく。ヨーロッパでも年金支給開始年齢が、日本と同じ65歳になりつつある。先進国がまさしくこの状態である。若いサラリーマンたちが毎月払っている月3万円ぐらいの厚生年金保険料では、とてもこれらを賄《まかな》うことはできない。年金額は今の半分に落ちていくだろう。

●ヘッジファンドが仕掛ける空売り

だからといって、今からこれらの大企業の値嵩株《ねがさかぶ》(値段がすでに高くなり過ぎている株)を買って、さらに値上がりを待つ、というのは愚かである。危険な行動だ。やめたほうがいい。どうせこれらの高すぎる値段の株価は下落せざるを得ない。いつ暴落が襲いかかってくるか、の問題だ。

アメリカのヘッジファンドたちは、すでにNYや東京の株価の暴落を見込んで、売り持ち（ショート・セリング）を仕組んでいる。ヘッジファンドの連中は空売《カラ》りを仕掛けることでしか儲けが出ない。彼らはロング・ポジションの順《じゅん》張り（トレンド・フォロー。値上がり待ちの投資行動）ではなくて、逆張り、すなわち値下がり（暴落）待ちで仕掛けをつくって利益を出す。彼らはコントラリアン（へそ曲がり）と呼ばれ、市場全体の流れと逆のことをする人たちだ。

トランプ当選（２０１６年11月）の前からのＮＹ株の売り（ショート・セリング）をずっと仕掛けてきた。だからこの2年間、ヘッジファンドたちはボロボロの状態になっている。空売りを仕掛ければ仕掛けるほど、ＮＹの株価は、その逆に動いて上がり続けた。それで有名なヘッジファンドの主宰者のジョン・ポールソンも大損を出して消えた。他にも何十社かのヘッジファンドが市場から姿を消した。あの大《だい》悪人のジョージ・ソロスも、トランプ大嫌い人間の筆頭だが、株式の下落にずっと張り続けて、大損を出している。

この業界のトップランナーであるブリッジ・ウォーターのレイ・ダリオは、欧米企業の株を、合計で２２０億ドル（2兆５０００億円）の空売《カラ》りを仕掛けた（ショート・ポジションの積み上げ）。この2月にＦＴ（フィナンシャル・タイムズ）紙の記事で報道された。このレイ・ダリオの発言が金融の世界で話題になっている。

「2年後に米経済下降、次の危機はドルが主役とダリオ氏が予想」

資産家でヘッジファンド運用者のレイ・ダリオ氏は、「米国は2年後に景気が下降に転じる可能性が高い」との見方を示した。また「ドルは大きく下落する」と予想した。

ヘッジファンド運営会社ブリッジウォーター・アソシエーツを率いるダリオ氏は、9月12日、ブルームバーグテレビジョンのインタビューで、「現在の減税による景気刺激策の効果は、約1年半後に衰え始める」と指摘。また「米政府は財源が不足する年金やヘルスケアなどの支払いに充《あ》てるため借り入れを増やす」と述べた。「国内外での米国債需要は、米政府の借り入れニーズに追いつかず、金融当局はゆくゆく利上げよりもむしろ、プリントマネー（引用者注。さらに紙幣を増刷すること）の必要性が生じ、それが急激なドル下落を招く」と、ダリオ氏は予想。「ドルは最大30％下げる可能性がある」と述べた。

ダリオ氏は、「私が懸念しているのは今から2年後だ」と指摘。「債務危機《デット・クライシス》というよりドル危機《クライシス》になるだろう。政治・社会的危機の面が強いと思う」と続けた。

テスラのバックは中国だ

イーロン・マスク
(テスラCEO)

王岐山
(国家副主席)

写真／共同

ラーム・エマニュエル
(シカゴ市長)

　7月11日に、王岐山は、シカゴ市長のラーム・エマニュエル、12日にテスラのイーロン・マスクと会談した。この2人を取り込むことで、中国は、トランプの凶暴な貿易戦争に反撃を仕掛けたのだ。
　この会談の直前の7月10日には、上海市政府が、テスラが同市の郊外にEV（イーヴイ）（電気自動車）の開発・生産拠点を設けることで覚書を結んだ、と発表した。

また、「景気低迷を反転させる上で、金融政策の効果は限定的だ」とダリオ氏は指摘。「その時には既に金利は低く、量的緩和《イージング・マネー》は最大になっているためだ」と説明した。

（ブルームバーグ　2018年9月13日）

イーロン・マスク（テスラ）は、なぜ中国に飛んだのか

ヘッジファンドは、テスラモーター株でも大損した。

テスラ社のイーロン・マスクは、上場廃止を宣言して株価を暴騰《ぼうとう》させた。8月13日のことである。自分のトゥイッターとブログに、「1株420ドル（総額720億ドル）で全自社株を買収する（非公開化する）。資金調達の目途《めど》はついた」と書き込んだ。これで憎《にく》きヘッジファンドどもに一泡吹かせて、大損させたのだ。

テスラ社の株価は、6月から8月にかけて80ドル近く下落していた。ヘッジファンドが空売りを掛けたからである。しかし、イーロン・マスクの「株を買い取る（上場を廃止する）発言」でヘッジファンドは軒並《のきな》み〝踏《ふ》み上《あ》げ〟をくらって、首を絞《し》められた。

北京の心臓部に乗り入れた「紅いテスラ」

中南海《ちゆうなんかい》にある紫光閣《しこうかく》の前で記念撮影したイーロン・マスク一行。後ろに2台の真っ赤なテスラ車が写っている

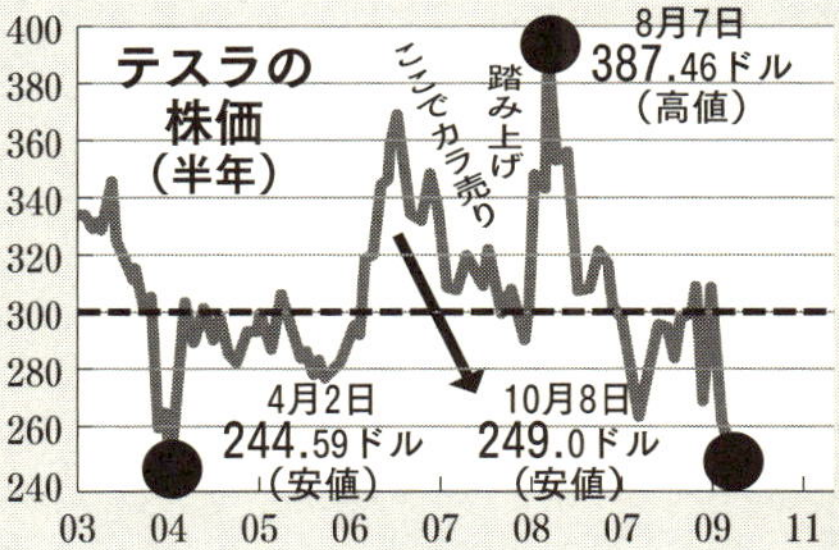

イーロン・マスクと王岐山が会談した場所は、中南海（中国の政治権力の中心地）にある紫光閣という由緒ある建物だ。ここに外車であるテスラの乗り入れを許可したことは「極めて異例だ」と日本経済新聞の中沢克二編集委員が書いている（2018年7月17日の記事）。

右上の「シカゴ・エクスプレス・ループ」は、シカゴ市の新しい地下高速交通計画で、テスラの関連会社「ボーリング」が受注した。

このときイーロン・マスクは北京にいた。7月12日に、北京で中国の王岐山《おうきざん》（国家副主席）と会談している。

マスクを救援したのは中国なのである。中国がマスクのバックについた。ここには、なんとラーム・エマニュエル・シカゴ市長もいた。このラームに今後、私たちは強く注目しなければいけない。ラームと王岐山が、7月11日に会い、イーロン・マスクとの会談はその翌日ということになっている。が、私の考えでは、王岐山《ワンキーシャン》とマスクとラームは3人で会っている。これは中国からすると、トランプの貿易戦争の殴り込みに対する大きな反撃だ。

中国最強の知恵者《ちえしや》（実質、習近平に次ぐナンバー2）である王岐山が、トランプに向かって激しい反撃の曲《くせ》ダマを投げつけた。王岐山は、「アメリカ人が何を考えているのかを聞いてみたかった」と言った。前日の7月10日には、イーロン・マスクは上海《シャンハイ》でＥＶ《イーヴィ》（Electric《エレクトリック》 Vehicle《ヴィークル》 電気自動車）工場を建設する契約に調印している。テスラの株価が暴騰したのは、前述の「上場を廃止する。４２０ドルですべての株を買い上げる。資金の目途はついている」という爆弾発言（トゥイート）がきっかけだった。が、本当の理由は、それに前後する中国との動きによるものである。

イーロン・マスクは、こうやって激しい反撃をヘッジファンドに仕掛けた。と同時に、中国の最高政治戦略家である王岐山の助けを受けることで生き延びた。王岐山は、マスクとラーム・エマニュエル・シカゴ市長を中国側に取り込むことで、トランプに対して最大級の逆襲に出たのである。

このあと8月10に、テスラ社の株主たち（投資家）が、イーロン・マスクとテスラ社を訴えた。「トゥイッターの発言で株価を操作した」という理由である。ＳＥＣ《エスイーシー》（米証券取引委員会）も、マスク個人を証券詐欺容疑で連邦裁判所に提訴した。これでテスラ社の株価は１３５ドル急落した。

この訴訟沙汰は、マスクが２０００万ドル（22億円）の罰金を支払うことで決着した。

ＢＢＣの報道から。

「テスラのマスクCEO、米証取委と和解成立　会長職を辞任へ」

米テスラのイーロン・マスク最高経営責任者（ＣＥＯ）が、同社の株式非公開化についてツイートし、米証券取引委員会（ＳＥＣ）から訴えを起こされていた問題で、両者は、９月29日までに和解した。マスク氏は罰金を支払うと共に、同社の会長職から退く。CEOには留任するとみられる。
SECは8月27日、マスク氏を証券詐欺罪で提訴していた。和解条件では、マスク氏はCEO職には留まる一方、兼務していた会長職を退任し、今後3年間は会長職復帰の資格を失う。また、テスラとマスク氏はそれぞれSECに2000万ドル（約22億円）の罰金も支払う。SECのジェイ・クレイトン委員長は和解を支持すると発表。「この和解が、テスラの株主を含む米市場と投資家にとって最高の利益だと思う」と話した。

（BBC JAPAN）

イーロン・マスクの勝ちである。マスクはこのあとも、「私の会社の株にカラ売りを仕掛けて、潰そうとした。あのヘッジファンドどもは許せなかった」と意気軒昂《けんこう》である。これは正論であるからSECも反論できない。

二《に》階《かい》俊《とし》博《ひろ》が（自民党幹事長）日本と中国の橋渡し役だ

8月31日、二階は北京の中南海で王岐山と会った。そのわずか3日前に、日本と中国との間で、EV向け急速充電器の国際標準規格を民間で一緒につくることが合意された。

写真／共同

日本と中国が電気自動車で組む

王岐山は、日本の政治家とも会っている。自民党の二階俊博《にかいとしひろ》幹事長である。この二階俊博が、中国と日本の橋渡し役だ。すでに2017年の12月28日に、北京で習近平と会談している。

二階俊博は、8月31日に、北京の中南海で王岐山と会談した。テレビや新聞のニューズでは、「安倍首相が10月に訪中して習近平国家主席と日中首脳会談を開く地ならし」と伝えられたが、そんな生《なま》やさしいものではない。その3日前の8月28日に、日本と中国の業界団体が、電気自動車（EV《イーヴィ》）向けの急速充電器について、次世代の世界規格を統一する覚書を交わしている。ここに二階幹事長の真の動きがあったのだ。

日本の業界団体とは、「チャデモ（CHAdeMO）協議会」と言って、トヨタ、日産、ホンダ、三菱自動車などの自動車メーカーと、パナソニック、日立、東京電力など全部で日本の主要な374社が会員になっている。チャデモは、日本独自のEV用急速充電の方式で、商標名だ。このチャデモ協議会に、テスラ社も会員として参加している。

このチャデモ協議会が、中国の業界団体である「中国電力企業連合会」と組んで、EV向け急速充電システムの規格を統一すれば、世界シェアの90%を握ることができる。前述したとおり、7月10日にテスラ社のイーロン・マスクが、上海市郊外にEVの工場を建設する契約に調印した。この一連の動きを見ることが重用だ。

① **7月10日** テスラ社、上海にEVの工場（開発と生産の拠点）建設で上海市と契約
② **7月12日** イーロン・マスクと王岐山副主席が会談
③ **8月28日** 日本のチャデモ協議会と中国の中国電力企業連合会が、EV向け次世代急速充電器の規格統一で合意
④ **8月31日** 自民党の二階俊博幹事長が王岐山と会談

この他に二階俊博は、今年の5月25日から29日まで、600人の経済人（財界人）を引き連れて大連《だいれん》（遼寧省《りようねい》）と成都《せいと》（四川省《しせん》）を訪問している。

イーロン・マスクの陰《かげ》に隠れ、トランプにぶん殴られないように注意しながら、EVの心臓であるリチウムイオン電池製造の世界基準を、着々と中国と共同で握ろうとしているのだ。

●ZOZO前澤友作《まえざわゆうさく》社長とイーロン・マスク

きわめてタフなイーロン・マスク（南アフリカ育ちのロシア系ユダヤ人）は、ラーム・エマニュエル（イスラエルとの二重国籍のアメリカ人）と堅く組んでいる。

シカゴのオヘア空港とシカゴ市の中心部を、トンネルや高架で結び、テスラの「モデルX」を16人乗りに改造したEVを超高速（時速250キロ）で走らせる。P125の写真のとおりだ。この「シカゴ・エクスプレス・ループ」という高速地下輸送の建設で、マスクとシカゴ市は合意した。テスラ社とは別に、イーロン・マスクが経営する「ボーリング」

Boring という会社が担当する。これでオヘア空港からシカゴ市内へは10分で行ける（今は1時間ぐらいかかる）。シカゴ市内は5つの大きな駅に高架（elevated《エレヴェイテッド》 tracks《トラックス》）を付け足して新駅にする。

このリニア・モーターに似た、空気抵抗を極限にまで減らして人間を大量輸送する最新式の交通機関の建設こそは、イーロン・マスクが「スペースX」で、民間人個人として初の人間搭載宇宙ロケット開発にのめり込んできた大きな成果であるらしい。

人間が乗っていない宇宙ロケットなら、通信衛星を初め今はいくらでも飛ばしている。だが、人間を乗せて安全に高速度で飛ばす交通機関という思想こそはイーロン・マスクの最大の特許だ。

私もずっと「なんで地表から101キロ上がりさえすれば、そこは宇宙（アウター・スペイス）で、宇宙旅行だ、などという、くだらない考えに、これほど熱中する人々がいるのか」と、ずっと懐疑的で理解できなかった。だが、「空気抵抗を最大限に抑えて安全に高速度で人間を運ぶ」ということが、最先端の人類が開発すべきビジネスである、とようやく分かった。

日本人では、あのＺＯＺＯＴＯＷＮ《ゾゾタウン》の前澤友作《まえざわゆうさく》（株式会社ＺＯＺＯ社長）が、つい最

ＺＯＺＯの前澤社長、月へ行く（2023年予定）

写真／イーロン・マスクのTwitterから

イーロン・マスクに肩車されるＺＯＺＯ（旧社名は、スタートトゥデイ）の前澤友作社長。スペースXの月周回旅行には、自分の他に「画家やフォトグラファー、デザイナーなどアーティスト6〜8人を招待する」と宣言した（9月18日）。

近、スペースXのロケット「BFR」(ビッグ・ファルコン・ロケット)で、月周回旅行に民間人最初の搭乗客として参加する、と表明して話題になった(9月17日)。これに1000億円(10億ドル)を投資したらしい。

前澤氏は、イーロン・マスクのことを「僕は彼を信じている」"I trust him."と賞賛した。そして「だから僕は、彼に乗ることができる」"So, I can ride him."と言って、本当にマスクに肩車してもらった(笑)。その写真をマスクがトゥイッターで公開した(P133の画像)。

マスクや前澤氏のような生き方を、パブリシティ・スタント publicity stunt と言う。宣伝《パブリシティ》上手の目立ちたがり屋と言えば、それだけのことだが、歴史的に大物のビジネスマンに成り上がる人間は、こういう〝曲芸乗り〟のような、時代を先駆ける危険なことをわざとやってみせて大評判を取る。まさしく、初期のスタントマンという飛行機の危険な曲芸乗りから言葉が生まれたのだ。前澤くん、宇宙に飛び出しなさい。

●ラーム・エマニュエル（シカゴ市長）と前大統領夫人の秘密

マスクとともに中国の王岐山と面会したシカゴ市長のラーム・エマニュエルは、6年後の米大統領選挙（2024年）に出る可能性の高い男である。彼は、オバマ政権1期目（2009年1月から）の首席補佐官《チーフ・オブ・スタッフ》だった。4年間オバマに仕《つか》えた。あのとき、ラームはヘンリー・キッシンジャーとズビグニュー・ブレジンスキーが放《はな》った最大級の人材と言われた。

だが、ラームはすぐにヒラリー・クリントン国務長官《ステイトセクレタリー》と激しい対立関係に入った。ヒラリーは当時、中東全体を火の海にする作戦を実行していた。それがチュニジアやエジプトやリビアでの、「アラブの春」と称する（アラブ諸国に春があるのか？）すさまじい民衆暴動のかたちを取ったアメリカCIAによる民衆扇動・政権転覆の凶悪行為であった。そしてそのまま、シリアでの激しい内戦につながった。

と同時にイラク北部でも、IS《アイエス》「イスラム国」という、奇妙なイスラム原理主義運動の狂気の集団が生まれた。これがシリア、イラクで2014年6月12日、（イラクのモスルに）突如、出現した。これで2000万人のアラブ人たちが戦争難民となって他の国々に逃れた。このうち200万人は、ヨーロッパ諸国に助けを求めて海を渡っていった。たくさんの人が溺《おぼ》れ死んだ。トルコやヨルダンなど周辺の国に難民《レフュジーズ》として流れ出しているシリア人、イラク人が今もまだ400万人ぐらいいる。これらの悲惨な中東動乱は、まさしくヒラリーと彼女が指揮したCIAおよび米軍特殊軍（スペシャル・フォーシズ）が引き起こしたものだ。悲惨な4年間であった。あのIS《アイエス》を退治したのは、明らかにロシアのプーチンであり、そしてクルド人たちだった。

ラームはさっさとオバマの首席補佐官を辞めて（2012年）、シカゴ市長になった。シカゴの最大の政治実力者は、ミシェル・オバマ夫人である。ミシェルが実力者なのであって、夫のオバマはそれにくっついているだけの、飾りのような黒人である。ミシェルは、シカゴの労働組合運動の最大の大物黒人（水道組合の大幹部）であったフレーザー・ロビンソンの娘である。オバマはミシェルの弁護士事務所に勤めていたのだ。

シカゴとニューヨークの関係が、大阪と東京の関係である。アメリカ政治では、NYに次ぐ大勢力はシカゴである。だからNY出身のトランプとがっぷり四つで戦えるのは、シカゴ勢力だ。大阪弁（関西弁）と同じでシカゴ弁がある。シカゴ人は自分たちの Chicago をチカガと発声する。

ミシェル・オバマがシカゴの政治実力者なのだ

ラーム・エマニュエル（現シカゴ市長）と

ヒラリーとは目も合わせない
（トランプの大統領就任式で）

写真／Scott Olson／Getty（上） Youtube（下）

極悪人であるクリントン夫妻

シカゴの実力者、ミシェル・オバマは、ヒラリー・クリントンのことを、かつて〝ビッチ〟Bitch と呼んだ。このことがスゴイことなのだ。

ミシェルがラームを支えている。そしてラームが民主党からの大統領候補として出る動きが着々と進んでいる。しかし2020年の大統領選挙は、民主党からは、どうもジジイのジョー・バイデン元副大統領（75歳）が出ることになるだろう。こうなるとトランプの勝ちだ。これではまったく面白くない。何か番狂わせが起きるのではないか。

その4年後のトランプ終わりの年に、アメリカは激動の時代に入る。そのときイスラエルとの二重国籍者であるラームが動くだろう。あるいはラームとミシェルの2人が仕組んで、キングメーカーとなって、とある人物を2020年の大統領選挙に立てるだろう。

●2024年までを見越した動きが始まっている

王岐山戦略が出て、ラームとマスクを中国側に取り込んだ、ということは、6年先（2024年）までを見越した中国の戦略的な動きだ。前に述べたように、この2024年にはアメリカの金融経済力が、ガタンと激しく落ちる。世界覇権（ワールド・ヘジェモニー）がアメリカから中国に移転していくだろう。
だから私たちは、目の前の貿易戦争だけに囚《とら》われている必要はない。実物・実体の経済を巡る争いである貿易不均衡《トレイド・インバランス》は、政治家の交渉では解決しない。製品とその消費は、より質が良くて値段の安いほうに流れる。この原理を無視して政治圧力で自国のボロ製品を外国に買わせようなど、とても無理である。

　農産物のような第1次産業の貿易交渉は、それぞれの国が、隠れてどれくらいの裏金（補助金。サブシディー）を農家に出しているかの暴き合いだ。どこの国の政治にも、農民と食品加工業の経営者たちの選挙票が必ずある。それらへの配慮から生まれる泥臭い国民政治圧力の問題である。自民党による農業者や畜産業者に対する裏金配給（農業補助金《サブシディ》）も、ものすごい金額であって、ヨーロッパやアメリカの、きれいなふりをしたヨゴレ政治とほとんど実態は変わらない。

　こういうことは新聞記事にしないことになっている。だから誰も知らない。語らない。道路の拡張や通勤新線建設のときに、どうしても立ち退《の》かない住民（地主）に対して、政府が裏金で何十億円も渡している事実は新聞記事になったことがない。記事にならなければ、世の中に問題（事件）があったことにはならない。私が尊敬する故山本夏彦《やまもとなつひこ》氏が、かって「新聞記事にならなければ事件がなかったのと同じだ」と書いたとおりだ。本当の大きな真実は新聞記事、テレビなどには出てこない。

4章　金《きん》（ゴールド）とドルの戦いは続く

●戦争が起きてもおかしくはなかった

Ｐ107で前述したように、ＮＹダウは、10月3日に2万６９５１ドルで史上最高値を記録した。日本は2万４４４８円をつけた（10月2日）。

このように、日米の株価は連動している。〝連《つ》れ高相場《だか》〟である。しかもトランプ相場の継続である。トランプが中間選挙に勝つまでは、何があっても下げない。日本もアメリカも、無理やり人為的に株価を吊り上げて、景気を吹かしている。

アメリカのほうは、トランプ大統領の盟友だったブーン・ピケンズ Boon Pickens が引退して、カール・アイカーン Carl Icahn という海千山千《うみせんやません》の投資家と組んでいる。彼は公職には就《つ》かないようにして相場を操縦《マニピュレイト》している。

アイカーンは大統領経済諮問会議委員を辞めた。ジョージ・ソロスたちヒラリー派の財界人、大物投資家たちがアイカーンを金融スキャンダル攻撃で狙っていた。それでもさすがに吊り上げ相場は、ここでお仕舞《しま》いである。それでも大暴落が起きないかぎりは、現政権を握るトランプ派の勝ちである。

しかし、２０１９年には「トランプ暴落」が起きて、ＮＹダウが下落する。そのときは

今の2万6000ドルから、ガラガラと3000ドルぐらい下がって2万3000ドルに落ちるだろう。これならまだ老人たちに払う年金の資金を捻出《ねんしゅつ》するのに十分だ。**日本の日経平均株価も2万4000円台から2万2000円まで下げる。**これで為替を1ドル＝110円近辺《きんぺん》に固定したまま、アメリカ・ヨーロッパと先進国3兄弟で維持していくつもりだ。

本当は為替のところに大きな秘密がある。ドル、ユーロ、円の3つの先進国通貨を今のままほとんど動かさないことで、3地域が抱える隠された巨額の財政赤字の増加量（国債の発行量）をじわじわと、一定割合で増やし続けることができる。為替でガタンと変化が起きると、ボロが出て危ない。

先進国3地帯が、音なしの構えで何も大きな変化がないふりをできさえすれば、現状での世界通貨体制とドル一極《いっきょく》支配体制は、なんとか維持してゆくことができる。問題は、この先いつまでこの3通貨の密約相場統制体制が続くかだ。3つのうちの1つが崩れ落ちると（8月14日に崩落したイタリアの大橋のように）、隠された財政赤字のヒドい真実が満天下に露出してしまう。そのときが、1945年の第二次大戦終結以来、80年になろうとする世界の、次の段階への変わり目となる。
そのときは今の資本主義《カピタリズム》が壊されて、別の仕組みによる人類の新しい秩序への移行のプロセス（過程）となるだろう。今の異常なお札と国債の刷り散らしを、隠したままの世界秩序は、もう持続できなくなる。

中国とロシアの動きを見ていると、軍事拡張路線（軍事演習）もチラチラ見えて、恐ろしい緊張関係が生まれつつあることが分かる。
私の考えでは、人類という愚かな生き物は、80年に1回はどうしても大きな戦争をしなければ済まない。そのようにできあがっている。それは歴史（学）を学んで、過去の動きをたどっていくと明瞭に分かる。人類は80年に1度、どこの国も必ず大きな戦争をしてきたのだ。今は平和主義と相互共存の考えがあるので、大戦争は回避される、と気易《きやす》く考えている人が多い。私は、それは注意力のない、警戒心のない甘い考えだと思う。

人類には次の大きな戦争が迫っているのである。

今でこそはっきり言えるのだが、もしヒラリー・クリントンが当選して２０１７年から米大統領になっていたら、今ごろは中国とアメリカの戦争が実際に起きていただろう。日

ドル円の為替相場
アメリカは「ドル体制を守りたい」の一心

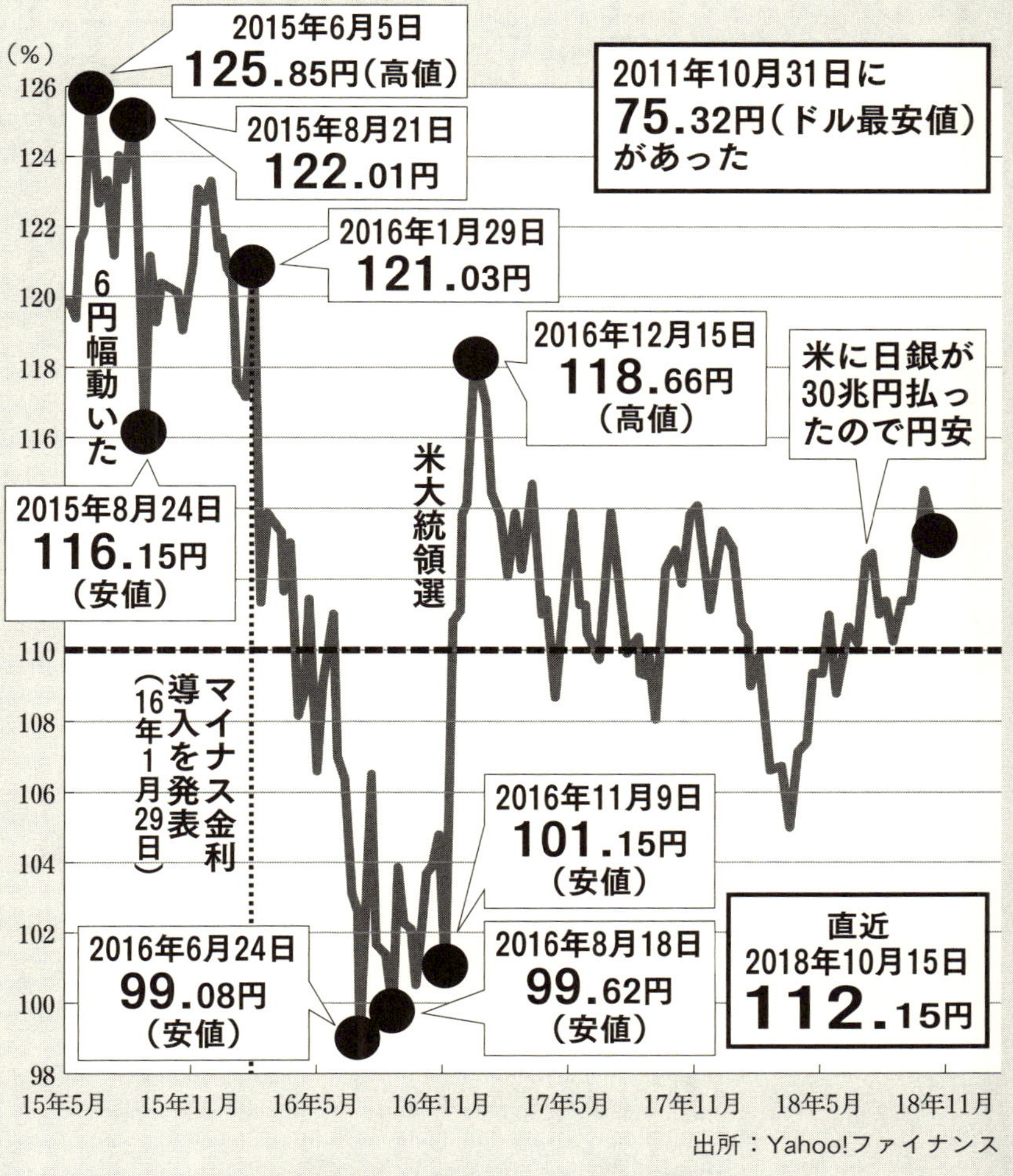

出所：Yahoo!ファイナンス

米、欧、日の為替密約はしつこく続いている

である（1980年からの40年間）

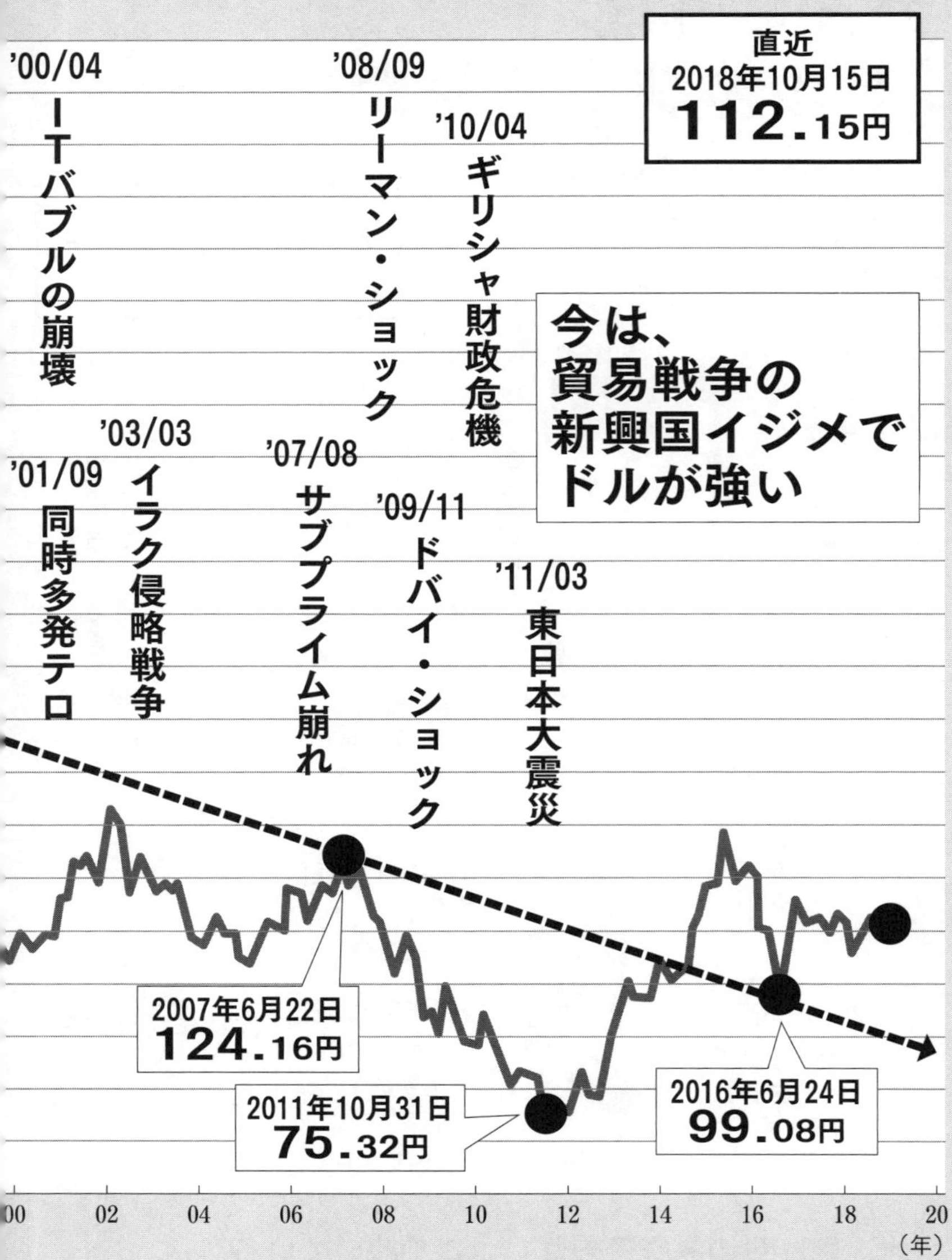

だが、ドル暴落は運命

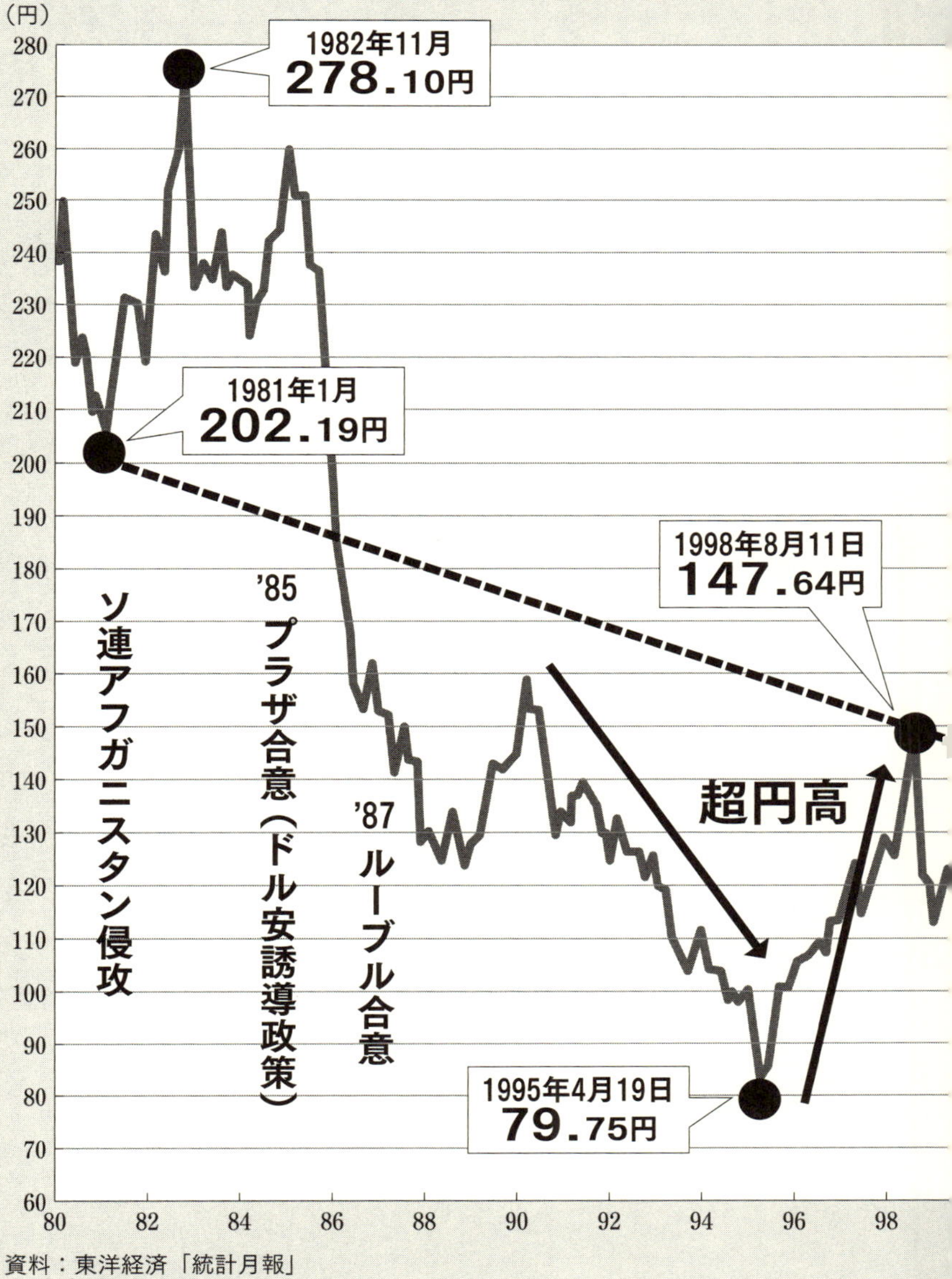

資料：東洋経済「統計月報」

本には、北朝鮮から3発ぐらい中距離弾頭ミサイルが飛んできていたはずだ。それは核兵器ではないが、すでに戦争状態だ。ところがトランプの時代になったので、この戦争は一旦回避されたのだ。

ヒラリーたちは、大戦争large war《ラージウォー》をやって、それで政府の隠れ借金を飛ばしてしまおう、と考えていた。これを戦争経済（ウォー・エコノミー）と言う。本当にそういう連中なのだ。悪魔のような連中だ。一番ヒドい目に遭《あ》うはずだったが、トランプの登場でひとまずこれが回避された。世界民衆にとっては、たまったものではない。民衆は1つの国で500万人ぐらいが死ぬ。

●やがて新しい時代の金融秩序が誕生する

人類は、先進国が抱える巨額の裏会計、裏帳簿による辻褄《つじつま》の合わないお金の退蔵、そしてその爆発を中心に大きく崩れてゆく。そのあと新しい時代の信用（金融秩序）が生まれる。そのときはもう、ドル紙幣が世界中で貧しい国の人々に大事にされる時代は終わる。

世界の首都は今のワシントンDC（IMFと世界銀行《ワールドバンク》がある）からユーラシア大陸のど

真ん中、カザフスタン（そこのアルマトゥという旧都、古代からのオアシス都市）という中央アジア5カ国の1国に移るだろう。そして金、銀、銅などの鉱物資源と、石油、天然ガス、石炭、原子力などのエネルギー源をバスケット（籠《かご》）の中に入れて、時価評価したものを、仮想通貨（クリプト・カレンシー。ビットコインが進化したもの）で公正《フェア》、公明《クリア》、透明《トランスペアレント》に取引、送金、決済できる通貨の時代になる。それが、今の資本主義が壊れたあとの新しい世界の基準や原理になる。

お金（マネー）というものが、何を表わして、私たちにとってのありがたさ（価値）の基準であることからどこまで変化していくのかを今、私たちは考えるべきである。「カネさえあれば何でも買える」「金持ちであることが一番素晴らしい」という考え自体が、どんどん変化しつつある。

現に日本の金持ちの大きな基準であった不動産（立派な家に住んでいること）の値段が、どんどん落ちている。株や投資信託《ファンド》などの安全度合いも落ちてきている。定期預金《デポジット》などはゼロ金利でほとんど寝たカネだ。銀行消滅で、支店閉鎖とＡＴＭの減少が私たちの目の前でどんどん進んでいる。

2018年10月15日現在のドル円相場は、1ドル＝112・15円である。トランプが〝貿易戦争〟を仕掛けるので、トヨタ自動車などのアメリカでの販売台数が減って4兆円の損失が出るのではないか、などと日本の財界人は怯《おび》えている。為替は1ドル＝114円まで円安（ドル高）に振れたが、また110円に戻るだろう。

私がずっと書いてきたとおり、米、欧、日の〝先進3兄弟〟の間で、為替相場を固定する（動かさない）という密約があるからだ。

P144〜145の長期のグラフを見ても分かるように、ドルの暴落（ドル覇権の崩壊）は運命なのだ。2019年のドル円相場は、1ドルが112円前後で動いてゆくだろう。

日銀は長期金利の上昇を容認したのか

初めのほうのP36やP112で書いたように、世界中の後進国（新興国）で金利の急騰＝国債暴落が始まっている。これに対して、先進国は超《ちょう》低金利のまま、低体温の〝冷《ひ》え冷《ひ》え経済〟が続いてきた。先進国は大量に発行している国債の金利が上がると、利払い費用が嵩《かさ》んで困る。いくら低金利でも金利分《ぶん》の払いは痛い。一等国の先進国で経済大国だから、と

長期金利の推移（日本国債10年もの）

直近4カ月

出所：財務省のデータから作成

この数値が0.2%に急上昇すると、アメリカが震えあがる。日本円の超《ちょう》安い資金でヘッジファンドたちが巨大バクチを張っているからだ。

いう思い上がりで、信用（クレディビリティ）が高いから、とガバガバ国債を発行してきた。それが、だんだん怪しくなってきた。発行した国債の引き受け手（買い手）がつかない（入札の札割《ふだわ》れ。取引成立せず）、という事態が頻発《ひんぱつ》するようになった。

前述（P30）したとおり、日本とアメリカ、ヨーロッパで国債暴落（長期金利の急騰）の危機が現実になりつつある。

日本で長期金利の指標となる、10年もの国債（新発《しんぱつ》10年利付債《りつきさい》）の金利は、直近の10月16日で0・149％である。これが短期の5年もの国債になると、－（マイナス）0・052％。3年もの国債ではマイナス0・096％だ。マイナス金利がずっと続いている。10年ものでも2016年の2月から11月までは、マイナス金利だった。

日銀の黒田東彦《くろだはるひこ》総裁は、2016年1月29日に、マイナス金利の導入を宣言した。「まだまだやるぞ。どこまで（も）やるぞ、マイナス金利」の黒田節《ぶし》で、マイナス金利の〝氷づけ経済〟を続けた。そのうえ、同じ年の9月21日には、長期金利を0％に釘づけ（ペグ打ち）する「イールドカーブ・コントロール」（利回り操作《イールドカーブ・マニピユレイション》）をやるとまで言った。

私は『ユーロ恐慌』（2016年11月、祥伝社）で、「こんなこと（長期金利の操作）をやろうとする中央銀行は、世界中どこにもない。10年もの国債金利を政策誘導することに手を出してはいけない」と警告した。今からでも読んでください。

この長期金利（日本国債10年もの）が、今年の8月1日に急上昇した（P151のグラフ）。妙な動きだ。

新聞記事を載せる。

「長期金利、0・120%に上昇　「緊急証拠金」2年ぶり発動」

8月1日午後の債券市場で、長期金利が急上昇（債券価格は急落）している。指標となる新発10年物国債の利回りは一時、前日終値から0・060%高い0・120%を付けた。2017年2月以来、約1年半ぶり高水準だ。日銀は前日の金融政策決定会合で金利変動を容認する方針を示した。市場が許容上限を探る、投機的な動きが出ている。

金利上昇に弾《はず》みが付いたのは、日銀が午後2時、指定利回りで国債を無制限に買い入れる指し値《さね》オペ（公開市場操作）の通知を見送ったためだ。7月29日には0・10％の利回り指定で指し値オペを発動していた。

債券先物《さきもの》相場も急落し一時150円を下回った。日本証券クリアリング機構は、同日午後、同社の清算システムを利用する債券先物の取引参加者に対して、追加の証拠金の差し入れを求めた。下落幅が基準となる54銭を超えたことを受けた措置。発動は、日銀の黒田東彦総裁が異次元緩和の総括的な検証を事務方に指示し、債券先物相場が急落した16年8月以来2年ぶりという。

（日本経済新聞　2018年8月1日　傍点、引用者）

この記事の傍点部分の「日銀が金融政策決定会合で金利変動を容認する方針を示した」とは、黒田東彦が記者会見で話したことを指している。ロイターの報道を引用する。

「日銀、長期金利上昇を容認「0・2％程度」と黒田総裁」

日銀は、7月31日の金融政策決定会合で、強力な金融緩和策の持続性を強化する措置を決定した。長期金利を「ゼロ％程度」に誘導する目標自体は維持しつつ、変動幅の拡大を容認。黒田東彦総裁は、会合後の記者会見で、従来の倍に相当する「プラスマイナス０・２%程度」を念頭としていることを明らかにした。上場投資信託（Ｅ《イー》Ｔ《ティー》Ｆ《エフ》）では、東証株価指数（ＴＯＰＩＸ）連動型の購入割合を拡大することも決めた。

長短金利操作（イールドカーブ・コントロール、ＹＣＣ）を巡《めぐ》っては、長期金利に関する表現を修正した。「ゼロ%程度に誘導する目標」は変えなかったものの、「長期金利は経済・物価情勢等に応じてある程度変動しうるものとする」とし、変動幅の拡大を認める方針を新たに示した。

黒田総裁は、記者会見で「ゼロ%程度」が、事実上「プラスマイナス０・１%」と解釈されていることに触れ、「非常に狭い範囲で（金利が）動いているために、時々、国債の取引が成立しないなど、国債市場の機能がやや低下している」と、現行政策がもたらす副作用を指摘。その上で、この変動幅の「倍くらい」を念頭に置いていることを明言した。「金利水準が切り上がっていくことを想定しているわけではない」とも述べた。

（ロイター　２０１８年7月31日）

日本国債10年ものの金利が瞬間的に0・145％になって（8月1日。P151のグラフ参照）、アメリカの大物投資家（ヘッジファンド）たちはゾッとした。肝《きも》を冷やした。

日本の長期金利が0・2％にまで上がると、おかしな動きが起きる。こんなに低金利に見えても、先進国である日本の国債急落（＝長期金利の上昇）は、大国アメリカの経済破綻に直結し、世界恐慌を引き起こしかねないのだ。

国債＝長期金利に大きな打撃、ひずみが起きつつある。米、欧、日の先進3カ国が隠している、巨額の累積発行国債の秘密（真実）が、壁の割れ目から水が染《し》み出すように露呈するからだ。これが、これからの世界危機、世界恐慌への道である。

●ロシアの米国債売却vs.アメリカ政府

ロシアが、810億ドル（9兆円）の、最後の手持ちの米国債を、NYの市場で売り払った。ブルームバーグがスクープ報道した（7月21日）。

これにNYの債権市場《ボンド・マーケット》が怯《おび》えた。米国債の一挙《いっきょ》の大量の売却は、ドルの信用力（信認）

ロシアは米国債を、今やほとんど売り払って金《きん》を買った。するとアメリカが仕返しで金《きん》を叩き落とした

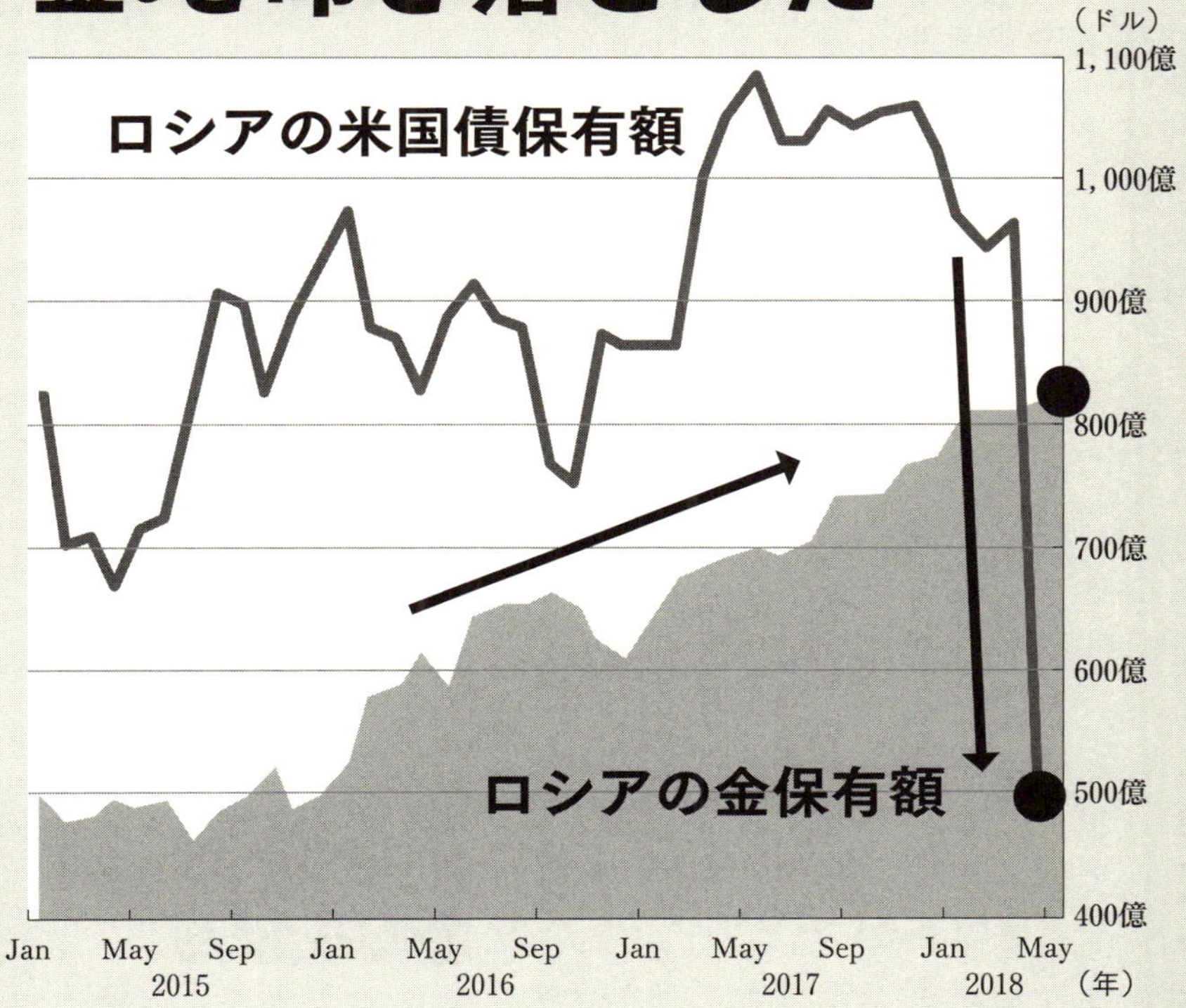

出所：ブルームバーグ（2018年6月21日）

このあと金《きん》価格は、8月13日に急落して、前日から1オンス20ドル落ちた。ここでロシアが最後の手持ちの米国債480億ドルを売り払った。そしてロシア中央銀行が金《きん》に買い替えた。

保有額（米財務省の公表資料）

	May 2018
and	1183.1
	1048.8
	301.0
	299.2
om	265.0
	243.4
	209.1
	191.7
ds	185.8
	164.8
	162.1
	150.5
	148.9
	118.9
	104.7
	96.6
	89.6
	78.3
	63.6
	62.2
Emirates	60.0
	49.7
	45.5
	45.1
	43.9
	43.2
	40.2
	39.6
	37.6
	34.5
	32.6
	31.6
	30.2
	512.5
	6213.6
al	3990.8
ills	346.3
Notes	3644.5

f the Treasury/Federal Rese
8

7月17日発表 ←

Country	Apr 2018
China, Mainland	1181.9
Japan	1031.2
Ireland	300.4
Brazil	294.1
United Kingdom	262.7
Switzerland	242.2
Luxembourg	213.9
Hong Kong	194.0
Cayman Islands	180.7
Taiwan	168.1
Saudi Arabia	159.9
India	152.8
Belgium	137.6
Singapore	118.0
Korea	100.1
Canada	89.4
Germany	86.0
France	82.5
Bermuda	64.7
Thailand	60.8
United Arab Emirates	59.7
Russia	48.7
Sweden	45.1
Kuwait	42.6
Netherlands	42.5
Mexico	41.9
Poland	41.4
Norway	39.3
Turkey	38.2
Italy	36.4
Australia	36.0
Philippines	31.5
Spain	31.3
All Other	513.2
Grand Total	6169.0
Of which:	
For. Official	3999.8
Treasury Bills	323.2
T-Bonds & Notes	3676.6

ロシアは、
保有していた
米国債の
ほとんどを
売って、
翌月には
保有国リスト
から消えた！

Department of the Treasury/Federal Reser
June 15, 2018

6月15日発表

各国の米国債の現在の

Country	Jun 2018	May 2018	Apr 2018
China, Mainland	1178.7	1183.1	1181.9
Japan	1030.4	1048.8	1031.2
Brazil	300.1	299.2	294.1
Ireland	299.6	300.9	300.3
United Kingdom	274.0	265.0	262.6
Switzerland	236.5	243.4	242.2
Luxembourg	219.7	209.1	213.9
Cayman Islands	197.2	185.5	180.4
Hong Kong	196.1	191.9	194.0
Saudi Arabia	164.9	162.1	159.9
Taiwan	162.5	164.8	168.1
Belgium	154.7	150.5	137.6
India	147.3	148.9	152.8
Singapore	122.1	118.9	118.0
Korea	105.9	104.7	104.5
Canada	100.0	96.3	89.0
France	93.4	89.6	82.5
Germany	71.2	78.3	86.0
Bermuda	60.2	63.5	64.6
United Arab Emirates	59.6	60.0	59.7
Thailand	58.6	62.2	60.8
Norway	50.0	49.7	39.3
Sweden	46.3	45.5	45.1
Netherlands	44.8	45.1	42.5
Kuwait	42.9	43.9	42.6
Mexico	40.8	43.2	41.9
Italy	40.7	39.6	36.4
Poland	40.6	40.2	41.4
Australia	39.6	37.6	36.0
Spain	31.8	34.5	31.3
Philippines	31.6	31.6	31.5
All Other	569.8	574.9	599.9
Grand Total	6211.4	6212.5	6172.1
Of which:			
For. Official	3988.4	3990.8	4003.3
Treasury Bills	336.3	346.3	323.2
T-Bonds & Notes	3652.1	3644.5	3680.1

Department of the Treasury/Federal Reserve Board
August 15, 2018

日本は、
1030億ドル
（103兆円）

ロシアは、
いない

8月15日発表 ←

Country
China, Ma
Japan
Ireland
Brazil
United Ki
Switzerla
Luxembour
Hong Kong
Cayman Is
Taiwan
Saudi Ara
Belgium
India
Singapore
Korea
Canada
France
Germany
Bermuda
Thailand
United Ar
Norway
Sweden
Netherlan
Kuwait
Mexico
Poland
Italy
Australia
Spain
Turkey
Philippin
Chile
All Other
Grand Tot
Of which:
For. Off
Treasury
T-Bonds

Departmen
July 17,

を毀損《きそん》する。この動きに連れてドルが暴落する。だから、アメリカ政府（財務省とＦＲ《エフアール》Ｂ《ビー》）は、「ロシア（プーチン）め、この野郎」の怒りを込めて、ドル防衛のために金《きん》を売り崩す作戦に出た。

「ロシアが米国債を大量売却、トランプ・プーチン親交でも慎重にヘッジ」

ロシア政府はプーチン大統領とトランプ米大統領の親交が両国関係を改善させると期待をかけている。が、その一方で万一の事態に備えている。

米財務省が今週発表した報告によると、ロシアはドル資産を記録的なペースで削減した。およそ2カ月で保有米国債の8割に当たる８１０億ドル（約9兆円）相当を売却した。この売却が始まった時期は、米国がプーチン大統領に近い新興財閥などを対象にこれまでで最も踏み込んだ制裁《サンクシヨン》を科した4月と重なる。

１９９５－98年までロシア中銀総裁を務めたセルゲイ・ドゥビニン氏は、制裁で資産を接収される可能性に備えた「ヘッジ」だと解説する。ロシアはイランの経験から学び、外貨準備を差し押さえられないよう、ドル資産を他の通貨に替えていると述べた。

ＮＹ金《きん》（COMEX《コメックス》市場）の価格の推移（直近７年）

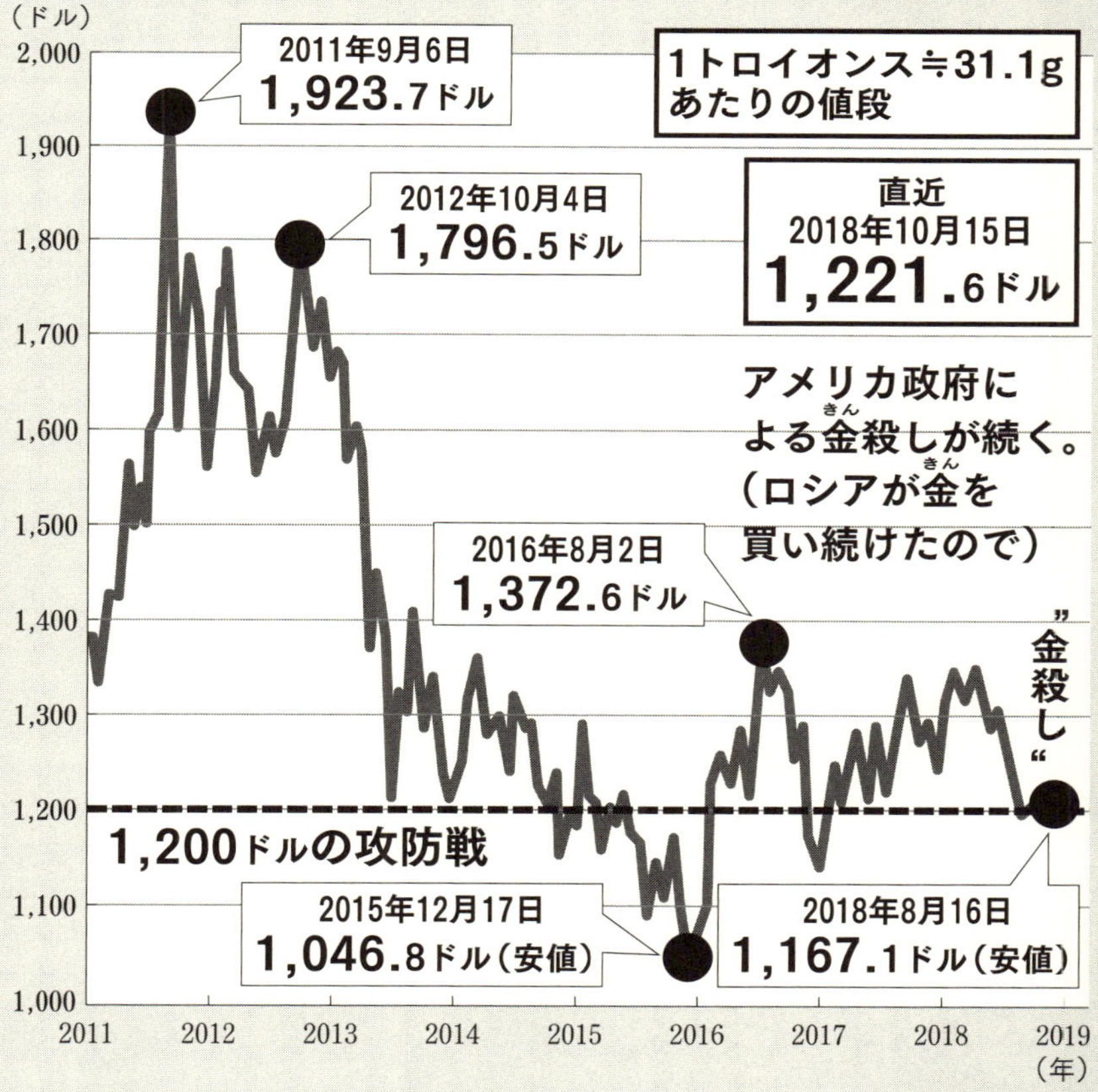

出所：COMEXの期近値

　ロシア政府が2018年4月に米国債を売り払って、金《きん》に買い替えた。この動きは8月まで続いた。ドル紙幣を守るために、アメリカ政府は金をカラ売りで売り崩す“金《きん》殺し”に出た。

　ドル覇権は、あと何年か続く。が、それも2024年までだ。

現在は国内第2の銀行である国営VTBの監査役会メンバーを務める同氏は、「米国債を売り、ドルのままどこかに保管しておくのは間抜けだ」と指摘し、「ロシア中銀はユーロや円などのハードカレンシーを買ったはずだ」と述べた。

ロシア中銀が外貨保有の詳細について情報を更新するのはまだ先になるが、ドゥビニン氏の見方が正しいことを示す手がかりはすでにいくつか浮上している。同中銀のウェブサイトに掲載された月次統計によると、他の中銀や国際機関、外国銀行への預け金額は4-5月に470億ドル相当も増加した。

（ブルームバーグ　2018年7月21日）

ロシアにしてみれば、NYで米国債（貿易決済用の外貨準備《フォーリン・リザーブ》として）を持ったままだと、いざというときにアメリカに差し押さえられる、と考えた。だから、これを売ったのだ、となる。理屈は通っている。

そして、どうやら、ロンドン金《きん》市場で金に買い替えたようだ。8月になって、8月13日に、ロシアは最後の大きな米国債売りとして、480億ドル（5・3兆円）を売った。そして、これも金《きん》に換えた。

金《きん》の1グラムの国内価格（直近7年）

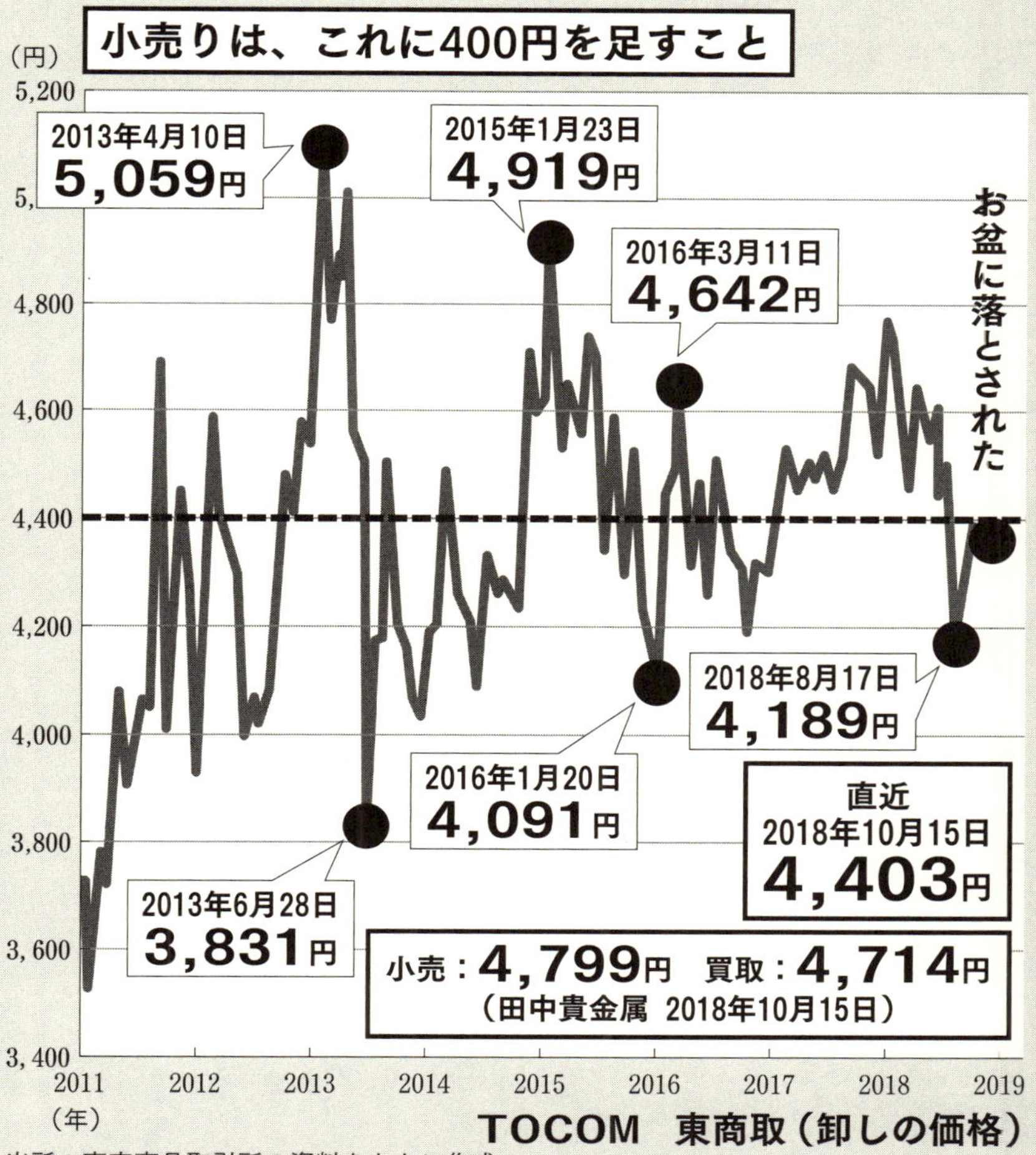

出所：東京商品取引所の資料をもとに作成

金《きん》の値下がりがあっても、現物《げんぶつ》の金《きん》は大丈夫だ。

卸しで4, 300円台、小売りで1グラム4, 700円の今が買い時である。

すると、この8月13日から数日、金《きん》価格が急落した。NYコメックス市場で1オンス（31グラム）1167ドルの急激な安値が出現した。これが、ロシア政府の「米国債売り・金《きん》買い」に対するアメリカの激しい怒りに基づく〝金《きん》殺し〟である。7月までは、1オンス1300ドルだったのが、140ドルも叩き落されたのだ。この動きは即座に金《きん》の東京市場（TOCOM《トコム》）につながって、1グラム4189円（8月17日）の最安値まで落ちた。今も4200円代でウロウロしている。

この8月の急落で、金《きん》の先物市場《フユーチヤー・マーケツト》でレバレッジ10倍とかで買っていた人々が大損した。追証《おいしよう》（追加の証拠金）を払えない投資家たちは、強制決済（ロスカット）されて市場を去った。金《きん》を取り巻く環境は、今もこのように厳しい。アメリカによる〝金《きん》殺し〟は続く。

「ロシアの金準備が急増」

ロシアの金準備が7月に26・1トン増の2170トンとなっていたことを伝えています。ひと月の増加量としては、昨年11月に次ぐ規模とのこと。

今月、金業界のマーケティング団体であるワールド・ゴールド・カウンシルが発表した最新のレポートによると、今年第2四半期にロシアの中央銀行は53・2トン金準備を積み上げ、今年前半期の金準備増加量は105・3トンとなっていました。そして、既に今年2月にはロシアの金準備は中国を上回り世界第5位となっています。

（ブリオンボールト　2018年8月22日）

アメリカはドル危機を防がなければならない。ロシアや中国への警戒と反撃、報復として、金《きん》の先物市場《フユーチャー・マーケット》でFRBとゴールドマン・サックスが組んで、違法行為と知りつつやる。それは、金ETF《きんイーティーエフ》（スパイダー・ゴールドシェア）を使った、金《きん》の“裸《はだか》の空売《からう》り”（ネイキッド・ショート・セリング　naked short selling ）である。

これで金価格を下落させる。1オンス＝1200ドルの大台を割った。日本の金《きん》の国内価格はNYに連動する「写真相場」だから、為替が動かなければ、NYと同じ値動きをする。金の値段は、日本の8月のお盆の時期に計画的に叩き落された。P163のグラフのとおりである。

それでも、金を現物で買って、しっかり保有しようという人たちにとっては、今の金の安値は魅力的だ。1グラム4200円は買い時である。しっかり保管してください。そのうち金は必ず値上がり始めます。

8月13日のアメリカとロシアの〝金融の戦い〟は、これから先の世界の動きを暗示している。

7月でロシアの金保有は2170トン（約9兆円）になった、と前掲したブリオンボールト（金《きん》の情報サイト）が「金市場ニュース」で報じている。だが、その情報元《もと》のWGC（ワールド・ゴールド・カウンシル）は、もう業界情報筋《すじ》としては当《あ》てにならない。

8月に入ってロシアは、保有する米国債480億ドル（5兆円）を売った。そしてこれで金《きん》を買ったようだ。480億ドル分の金《きん》は、1200トンぐらいである。ということは、前述した2170トンと合わせると3300トンぐらい保有することになる。

中国が、ロシアよりも金《きん》準備が少ない1920トン（ずっと10年ぐらい、このまま）ということはない。中国政府はすでに2万トンを超えて金《きん》を保有している。これに民間の分を合わせると、優《ゆう》に3万トンを超すだろう。

それに対して、「アメリカ政府は7300トンの金を保有」はウソで、もうほとんど持っていない。貿易決済のために使い切ってしまっている。それなのに今も7300トン

（30兆円分）持っていることになっている。つまりWGCという組織は、今やまったく信用のない業界団体に転落している。

ちょっと気になるのは、最近、金《きん》メッキのニセ物の金の板《いた》が出回っているそうだ。注意してください。

副島隆彦の特別コラム

仮想通貨への投資は危ない

仮想通貨について最新の情報と、それへの投資をこれからどうするかについて述べる。仮想通貨は、投資の対象としては、今やきわめて危険になっている。だから普通の投資家が、こんな危ない金融市場に自分の大切なお金を突っ込むべきではない。大損するに決まっている。

私がこういうことを言うものだから、私の本の読者である投資家たちに評判が悪い。「副島先生は、ビットコインのことはよく分からないのだから、話さないほうがいい」とまで言われている。失礼な話である。

ビットコインという、ネット上に出現した奇妙な新式のお金の元《もと》になったのは、〝ペイパル・マフィア〟と呼ばれるピーター・ティールやイーロン・マスクたちだ。彼らが、「リバータリアニズム」というアメリカの新しい政治思想《ポリティカル・ソート》から、この暗号通貨（クリプト・カレンシー）を誕生させたのだ。

これらのことを前著『銀行消滅』の第3章（P119からP169まで）で詳しく説明した。そして「大事なことは、いったん買うと、おそらくもう日本のお札《さつ》（現金）には戻らない。換金できないだろう。ビットコインは決済手段だということだ。だから、ビット

仮想通貨は、しばらくお休み。投資対象にならない。危険だ

ビットコインの価格の推移

データは、CoinGeckoから。2018年10月11日時点

トラブルが相次いでいる。

仮想通貨の出金停止で謝罪するコインチェックの和田晃一良社長（左）と大塚雄介取締役（2018年1月26日）。

写真／共同

コインの価格が値上がりして、買ったときとの差額が生じたからといって、株式のようにさっと売って差益を出すことはできない。買ってもおそらく損をするだろう」と書いて警告した。

仮想通貨《クリプト・カレンシー》は、国家の壁（国境線）を越えてゆく新しいお金の考え方として出現した。

それは人類の未来のあるべき姿と関わっている。

これには、リバータリアニズム Libertarianism という政治思想の勉強が必要なのだ。

私はこれまで長い間、日本に紹介して説明してきたが、普通の頭の人たちでは理解できない。

「国家の壁を越える」というところがミソなのだ。この「反《はん》官僚制、反《はん》税金、反《はん》経済統制、反《はん》国家　の政治思想」についての説明は、ここではできない。

２０１７年12月、年末に、ビットコインは２３０万円まで急激に跳ね上がった、そこから暴落した。今年1月にもう1回上がったが、すぐに急落した。Ｐ171の表のとおりだ。そして今は70万円ちょっとぐらいで、ダラダラと値段がついている。こんなものに手を出して、訳《わけ》も分からず「新しい金融市場で、投資対象だ」ぐらいに思って新奇《しんき》がっている。

昨年末に、投資家たちが私に電話してきた。「先生のおかげで、ビットコインで400万円儲けました。半分の200万円を税金に払って、年末の餅代《もちだい》になりました。ありがとう」という人たちだった。

こういう人は、生来《せいらい》の博奕打ち（ギャンブラー）で鋭い臭覚をしている。さっと売って逃げるから勝つ。だから、お好きなようにどうぞ、である。だが多くの人は失敗している。

彼らはビットコインを鉱山主（miner《マイナー》 取引所でもある）から買っている。そしてこのお金の動きは全部、金融庁と税務署に報告が行っている。役人としては、半分も税金が取れて満足だ。訳《わけ》の分からない、この新しい博奕の手段を自分たちの管理下に置ければ、それでいいのだ。インターネット上のデジタル数字で取引履歴《りれき》が全部残るのであれば、当局（役人）にしてみれば、扱いやすい連中だ。それだけのことだ。

2014年のマウントゴックス社のビットコイン消失事件（115億円）以来、おかしな資金消失問題が相次いでいる。今年1月のコインチェック事件では、「ハッカーが侵入して」580億円が消失した。さらには後ろに載せる新聞記事のように、テックビューロとリップルの事件が相次いでいる。

ひと言で言う。こいつら取引所（鉱山主）自身が怪しいのだ。

取引履歴はすべて残っているのだから、どこで換金したかも分かるはずなのだ。なぜなら仮想通貨の命は、お金の動きと保有高が公明正大《フェア》かつ透明《トランスペアレント》であることだからだ。かつ、絶対に侵入されずシステムを破壊されないことが命なのだ。それをブロック・チェーン block chain 理論と言う。ところが、それがこのような体《てい》たらくだ。1回にだいたい500億円ぐらいが消失している。誰かが泥棒している。

こんな危険なものに投資していること自体がアホである。

日本の警察と金融庁は、仮想通貨で投資家が失敗しようが、知ったことではない。「投資の責任は、ご自分で」だ。彼ら役人は監督官として世の中の金融秩序、取引秩序を守りさえすればいいのだ。日本の警察は、外国までいちいち出て行って、ハッキングされて消失したお金の犯罪捜査などするわけがない。ずるずるほったらかして、裁判で被害者（投資家）たちまでを含めて見せしめにしておけばいいと思っている。

さらには、この仮想通貨市場には暴力団の資金が入り込んでいる。彼らは麻薬や覚醒剤の違法な代金の決済を、国境線を越えて行なうことができれば、こんなにいいことはないと思ってやっている。だから普通の人は甘い考えで近寄らないほうがいい。すっかり汚れてしまっているのだ。

「指定暴力団　仮想通貨で300億円を洗浄　仲介役が証言」

一部の指定暴力団が仮想通貨の取引を利用し、犯罪収益のマネーロンダリング（資金洗浄）を進めている疑いがある。海外にある複数の交換所を介し、所有者が特定されない仮想通貨に換金する手法で、2016年から計約300億円を洗浄したと、仲介役の中国人男性が証言した。仮想通貨に対する海外の規制の緩さが、マネロンを可能にしている。

（毎日新聞　2018年5月14日）

今や大銀行たちが自ら、何の意味もなく、「自前の仮想通貨をつくる」（MUFGコイン。Jコイン。Sコイン）とぶち上げている。彼らエリート銀行員は、理屈（技術）は分かるのだが、世界基準の政治思想《ポリティカル・ソート》は分からない。哀れな2等国民だ。

各国の政府も、自ら仮想通貨を発行する、と言い出している。国家の壁を越えて、反国《はん》家の思想でできたのが仮想通貨だと言っているのに、なぜこれを国家がつくる、などと言えるのだ。それでは、ただの今のお金（電子マネー《デジタル》）と変わらないではないか。何を言っているのだ、このバカたちは。

来たるべき未来社会の仮想通貨とは、新しい世界体制ができたときの、正しい世界《ワールド》通貨《カレンシー》として、その手段として公明正大、透明につくられてゆくべきものなのだ。

以下に2本、最近の記事を載せる。よく読んで、仮想通貨のバカらしいまでの真実を察知してください。

「金融庁がテックビューロに3度目の業務改善命令―仮想通貨消失で」

仮想通貨が外部からの不正アクセスにより消失した問題で、金融庁は取引所「Zaif（ザイフ）」を運営するテックビューロ（大阪市）に対し、業務改善命令を出した。事実関係や原因の究明、顧客被害の拡大防止などを求め、9月27日までに対応策など書面で報告させる。

同社は3月8日と6月22日にも業務改善命令を受けており、これについても具体的かつ実効的な改善計画の見直しと実行を求めた。金融庁は登録業者で2度の改善命令にもかかわらず、不正流出が発生したことは遺憾だとしている。今回の問題を受けて他の登録・みなし業者にもホットウォレットの管理状態などを確認、問題があれば報告を求めるなど対応していく。

一方、8月から再開した新規登録業者の審査については止めることはないとした。金融庁は、1月に交換業者のコインチェックで約580億円が消失した後、すべての仮想通貨取引所に立ち入り検査をするなど対応を強化してきた。8月にはその中間とりまとめを公表したうえで既存業者の監督強化を打ち出すとともに、新規登録業者の審査を再開するとしていた。

テックビューロの発表によると、今月14日午後5時から7時ごろまでに同社の入出金対応用の「ホットウォレット」を管理するサーバーに対し外部から不正アクセスがあり、仮想通貨「ビットコイン」、「モナコイン」、「ビットコインキャッシュ」約67億円相当が不正に送金された。うち、同社の資産は約22億円相当で、残りの約45億円が顧客の預かり資産となる。仮想通貨を巡っては、コインチェックでも1月に通貨「NEM（ネム）」の不正流出が発生していた。

（ブルームバーグ　2018年9月25日）

「仮想通貨リップルの共同設立者　XRPの売却を加速＝WSJ報道」

リップルの共同設立者ジェド・マケーレブ氏が過去2、3週間にリップル（XRP）を大量に売却していると、9月24日付のウォール・ストリート・ジャーナルが報じた。先週にリップルは一時100％ほど上昇したが、もし事実ならマケーレブ氏からの売り圧力がある中で達成したことになる。

ウォール・ストリート・ジャーナルによると、マケーレブ氏は、2016年の時点でXRPの7・3％ほど、約40億ドル相当を所持。リップルとの合意により、マケーレブ氏が1日に売却できるXRPには上限が設けられている。

ウォール・ストリート・ジャーナルが、XRPの台帳と公開されているマケーレブ氏のアドレスを調べたところ、8月後半以降に売却のペースが加速。7月には1日に2万～4万XRPを売っていたが、8月に入ってから1日に49万9312XRP、ある時には75万2076XRPも売却したという。ウォール・ストリート・ジャーナルが計算したところによると、これはリップルと合意した上限を約35倍も上回る額だ。

この件についてリップル社からはコメントを得られなかったという。またマケーレブ氏はEメールで「リップルとの合意額以上に売却はしていない」と述べたそうだ。マケーレブ氏は2013年にリップルを去った。仮想通貨ステラのCTOおよび共同設立者で、民事再生手続き中のマウントゴックスの設立者としても知られている。

（コインタイム　2018年9月25日）

5章 近づく国家財政破綻

●世界金融危機の再来――〝リーマン・ショック〟の当事者が発言したこと

米、欧、日の先進国が、秘密に抱え込んでいる巨額の財政赤字（政府の累積債務）の真実は、ジワリジワリと露見しつつある。

10年前の〝2008　リーマン・ショック〟の当時、まさしく当事者としてECB総裁だったジャン＝クロード・トリシェが、「世界金融危機が再来する」と発言した。トリシェは、その前年の2007年7月にサブプライム危機が起きた直後に、ヨーロッパ各国の主要銀行のすべてに緊急資金を無制限で投入した責任者だ。

「世界金融危機の再来に警鐘　債務増大で」

欧州中央銀行（ECB）のトリシェ前総裁が、リーマン・ショックから10年を迎えるのを前に、9月11日に共同通信の書面インタビューに応じ、「世界金融危機が再来する恐れがある」と警鐘を鳴らした。**「国内総生産（GDP）に対する債務残高が世界各国で膨らんでいる状態が修正されなければ危機状態になる可能性が高い」**と強調した。

重要な3人の人物が「財政危機が来る」と言った

ジャン＝クロード・トリシェ
（前ECB総裁）

ジム・ロジャーズ
（投資家）

清滝信宏
（プリンストン大学教授）

「財政破綻は
いつごろ来ますか？」
――全然、予測できない。
急に来るんです（清滝教授）。

2018年8月15日公開の
日本経済新聞インタビュー動画で

写真／共同

トリシェ氏は、米証券大手リーマン・ブラザーズが経営破綻した当時、欧州の金融政策の責任者だった。巨額の政府債務の削減が進まない日本など各国に、財政・金融政策の点検と見直しを迫ったと言えそうだ。

（共同通信　2018年9月11日　太字は引用者）

このように、先進国の政府債務の削減ができなければ、世界金融危機が再来する、とトリシェは言っている。

トリシェの後任でECB総裁になったのが、マリオ・ドラギである。ドラギは2012年7月、ギリシャ発のユーロ危機のときに「ECBは無制限に救援策を講じる」と宣言した。

"Within our mandate, the ECB is ready to do whatever it takes to preserve the euro, and believe me, it will be enough."と言った。

あのときにギリシャ政府に対して、裏口からものすごい額の救援資金が出されたのだ。

世界GDP
（2018年の予測。IMFが推計）

アメリカ	20.4兆ドル	2,300兆円
中国	14.1兆ドル	1,550兆円
日本	5.2兆ドル	570兆円
欧州	18.0兆ドル	1,980兆円
他	29.0兆ドル	3,200兆円
合計	86.7兆ドル	9,600兆円

IMF（国際通貨基金）が2018年4月に発表した「世界経済見通し」World Economy Outlookから作成。IMFは世界134カ国の経済成長率の予測から、それぞれのGDPを推計した。

すなわち公表されている金額の10倍である。

そして2カ月後の9月には、あの〝ドラギ・バズーカ〟が炸裂《さくれつ》した。ドラギ総裁は、ギリシャだけではなくEU圏諸国の国債を「無制限に買い入れる」ことを表明した。それでEUとECBとIMFが、3者で合計6000億ユーロ(7000億ドル、70兆円)の救援資金をばらまいた。実はハンガリーやポーランドなどで破綻しかかった銀行にも、ユーロ資金が配られたのである。それらは秘密にされ、隠されて実行された。その問題が今もずっと尾を引いている。

日本では1998年(小渕恵三《おぶちけいぞう》政権)に、金融危機で長銀《ちょうぎん》(日本長期信用銀行)と日債銀《にっさいぎん》(日本債権信用銀行)が破綻した。日本政府はこの2つの銀行を国有化したあと、長銀をアメリカの投資法人(リップルウッド・ホールディングス)に、日債銀のほうをオリックスとソフトバンクと東京海上火災が組んだ投資グループに売り払ったかたちにした。この国有化のときに、140兆円の政府資金を投入したのである。そのあと日本は大不況に突入していった。

あの投資家が「政府債務が原因の金融危機」を警告

次に、投資家のジム・ロジャーズ（現在は家族とシンガポールに住んでいる）が、日本経経新聞のインタビューに応じて、「各国の政府の債務が原因で、金融危機が近づいている」と断言した。インタビュー記事から抜粋してジム・ロジャーズの発言を紹介する。

「リーマン10年「債務危機に備えよ」ジム・ロジャーズ氏」

――リーマン・ショックを超える金融危機の発生が近づいていると警鐘を鳴らしていますね。

「多くの国や地域で債務が肥大化しているからだ。金融緩和によって各国の金利は押し下げられ、日本やユーロ圏では一時マイナス圏に突入した。歴史的な低金利は政府や地方自治体の借金を増やした。10年前に豊富な資金力で世界経済の回復を支えた中国も、いまや多額の債務を抱えている。いつと断定することはできないが、次の金融危機が近づいているのは確実で、発生した場合の被害は10年前以上に深刻になる」

――なぜそのような状況に陥ったのでしょう。

「政治家や政策担当者が歴史から学ばなかったためだ。日本では（1990年代の）バブル崩壊の際に多くの金融機関を公的資金で救ったことが『失われた20年』をもたらした。（それに対して）同時期に経済危機に見舞われた北欧では、企業や労働者を救済せずに破産させた。その結果、3～4年間の最悪期をしのいだ後に経済は劇的に改善した。人や企業を破産から人為的に救うのは、長い目でみればあやまちであると歴史は示している」

「リーマン危機についても、金融機関の救済や大規模な金融緩和で対処しようとしたのは誤りだった。誰もが財政規律に気を配るべきだ、と口にした。だが、実行した者はいない。救われた金融機関や不動産業界の関係者は政策を評価する。が、社会全体にとっては望ましくなかった。多くの人々は深刻な金融危機はめったに起こらないと思い、負債の山を前にしても楽観的に考えがちだ」

「リーマン・ショック時、バブル崩壊を予期していた私はシティグループや米連邦住宅抵当公社（ファニーメイ）株を空《カラ》売りして多大な収益を得た。今もし米市場で空売りを仕掛けるならば、（フェイスブック、アマゾン、アップル、グーグルなどの）『FANG』だろう。誰も説明できない水準まで上昇するのがバブルの特性だ。だから天井はまだ先かもしれない。だが、すでに（これらは）買われすぎの域にある」
（日本経済新聞　2018年9月8日）

ノーベル賞候補の日本人経済学者も「危ない」と言った

このようにトリシェとジム・ロジャーズが、「政府債務（財政赤字）が問題だ。世界金融危機が迫っている」と語った。この政府債務とは、政府と中央銀行がグルになって違法に国債の直接引き受けをして積み上がった政府の大《だい》借金のことだ。

あと1人、重要な理論経済学者が「財政破綻が起きそうだ」と言っている。米プリンストン大学の清滝信宏《きよたきのぶひろ》教授（63歳）だ。日本人で初めてノーベル経済学賞を受賞すると噂されている学者だ。日本経済新聞のインタビューだ。これも記事から抜粋して載せる。

「リーマン後10年、次の危機は　清滝信宏氏」

――日本の財政は持続可能ですか。

「かなり危ない。財政破綻に備えたコンティンジェンシー・プラン（緊急時の対応計画）を作り、国民の合意を取り付けるべきだ。プランは支出カット、税収増、インフレによる国債減価という3つの政策をどのような割合で発動するかがポイントになる」

——そのような困難な状況は起こりますか。

「やがて外国人が大量に国債を買う時がくる。日本の貯蓄率がどんどん下がり、自国だけでは債務の償還や借り換えが間に合わなくなるからだ。外国人は（今の年率0・1％台という）低金利では国債を買わない。そこで金利の急上昇を引き金として財政危機がやってくる。低金利や高い貯蓄率がいつまでも続くとは考えない方がいい」

——未然に防ぐ手立てはありませんか。

「財政の持続可能性は政府の責任だ。金利が上昇したときに日銀に国債を買わせて上昇を抑えるなど無理なこと。財政の持続可能性について長期的なメドを立てるしかない。19年10月に予定される消費増税はやるべきだ」

（日本経済新聞　2018年8月14日）

このように清滝教授は「財政破綻が起きるのは、もう必然だ。それに対して予防策を考えなさい」と言っている。しかも「その時のコンティンジェンシー・プラン（緊急時の対応計画）には、国民の合意が必要だ」として、福祉のカット、増税、日本国債の償還時の減額（国債暴落）を挙げている。これらが起きるときは、生易《なまやさ》しい事態ではない。

金持ち（資産家）の資産は、国に奪い取られるか、暴落して吹き飛ばされる、ということだ。預金封鎖《よきんふうさ》（1．銀行引き出し制限と、2．新札《しんさつ》切り替え）は、当然この中に含まれる。

●日銀は緩和マネーの供給を止められない

国債暴落と財政崩壊の危機が、ひたひたと近づいてくる。

日銀の黒田東彦は、今年もまた30兆円（3000億ドル）という、実体のない資金30兆円分を、アメリカ財務省に差し出したようだ。米国債を買った。そのことが露出している証拠であろう、おかしな記事を載せる。

「日銀、何と33兆円も下方修正　家計の投信保有残高」

昨年12月末時点で、家計が保有していた投信の残高は76兆４４０７億円と、33兆円も下方修正された。アベノミクス前からの増加率が43・７％にとどまっただけでなく、過去最高だった15年６月末の83兆２１６２億円（改定値）を７兆円近く下回った。

個人金融資産全体の金額も、３カ月前の発表値よりも約25兆５０００億円少ない１８６４兆７００４億円に改定された。

投信と上場株式の合計額１９０兆９０７４億円の、個人金融資産に占める割合は、10・３％に低下した。

（日本経済新聞　２０１８年７月４日）

アメリカはこれらの外国からの資金をかき集めて、自国の巨額隠れ累積赤字の、計算上の帳尻合わせをする。アメリカ財政は火の車なのだ。日本が供出《きょうしゅつ》する年間30兆円のうち５兆円（５００億ドル）は、北朝鮮の核兵器対策のための強制支援金だ。安倍晋三がトラ

日銀黒田はQ《キュー》E《イー》（ジャブジャブ・マネー）を止《や》められない

写真／共同

これは、政府が発行するニセ札（fake money）の積み上げである。このうちの半分ぐらいは、アメリカへの貢ぎ金だ。

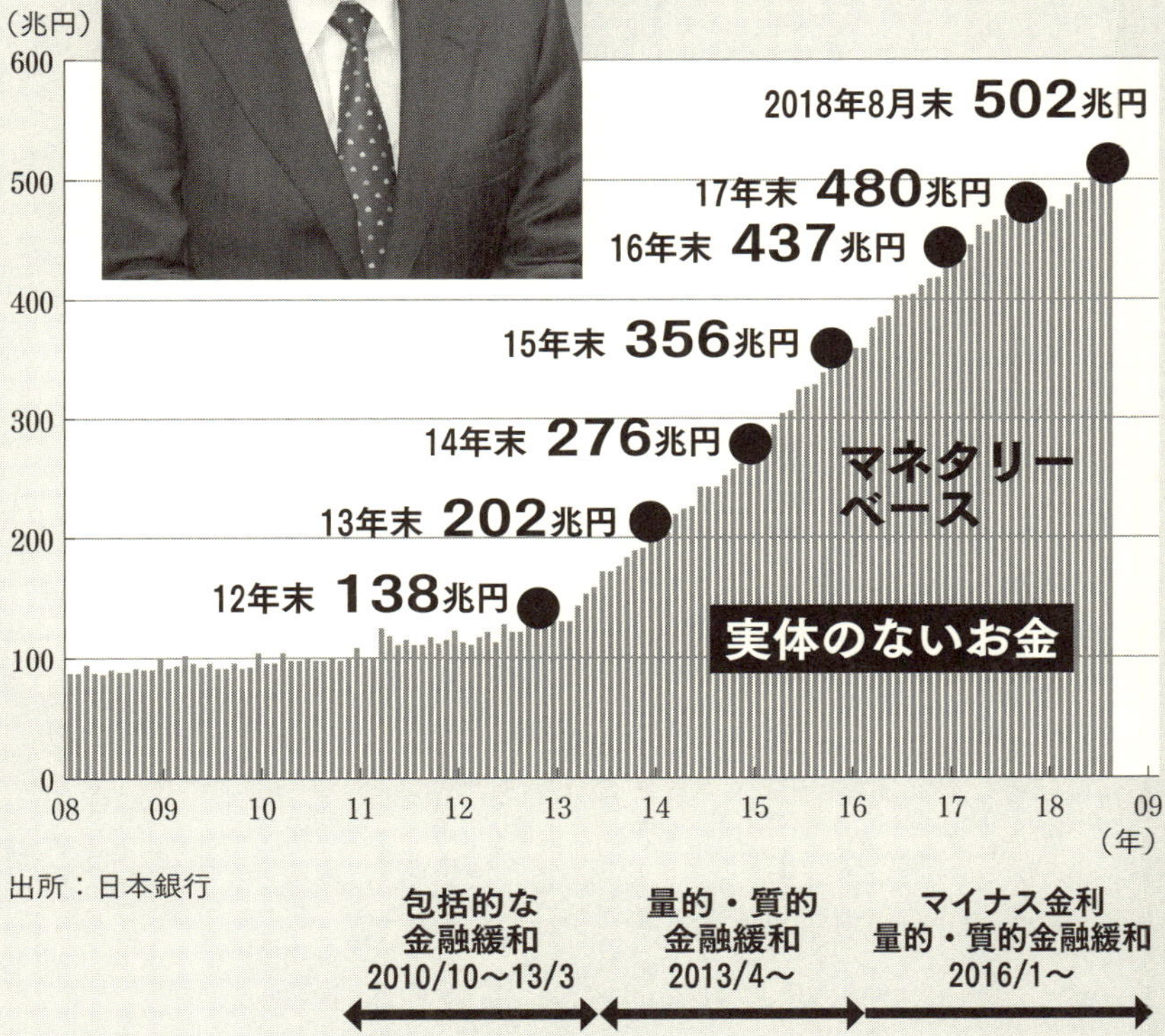

出所：日本銀行

黒田は、まだ性懲りもなく「インフレ目標2％を達成する」と言い続けている。誰も聞いていない。

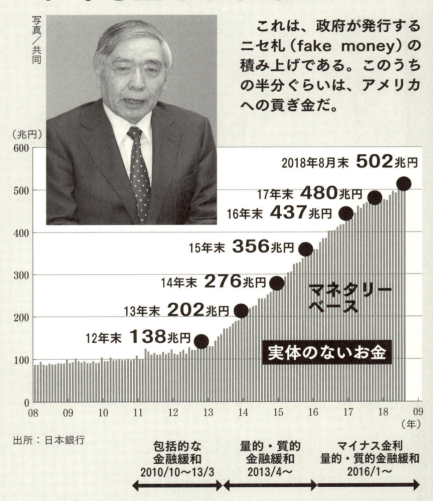

ンプから、「いいな、払うよな。米軍が日本を守ってやっているんだぞ」と、恐喝、カツアゲされるカネだ。

だから、黒田東彦が死んだような顔をしている。だからＱＥ《キユーイー》（緩和マネー）を、まだまだやらないわけにはゆかない。日銀という金のなる木（おサイフケータイ）を、アメリカに使われ放題だ。日本国民がいくら働いてもお金が回って来ない苦しみは、このことを原因としている。

日銀黒田は、「日本もアメリカ合衆国に続いて、そろそろデフレから脱出してインフレ基調に転じました」と、公然と言って、無理やりでも出口《でぐち》戦略（エグジット・ストラテジー）に取りかかりたい。そのポーズだけでも取りたい。なのに、できない。なぜなら、日本のＱＥ（緩和マネー。ジャブジャブ・マネー）は、国内の景気対策としての金融政策《マネタリー・ポリシー》ではなくて、その実態、真実は、アメリカへの貢ぎ金、上納金、強制拠出金だからだ。この「今年もさっさと払え」のアメリカの命令に、安倍政権はひと言も逆らえない。

このことが、日本の財務官僚のトップ10人ぐらいの、本当の真実を知っている者たち（責任者たち）の死ぬほどの苦しみである。ブルームバーグの記事から。

30年前に発行した米国債30年ものを目下、50年もの、100年ものに洗い替え（ロール・オーヴァー）しつつある

絶対秘密

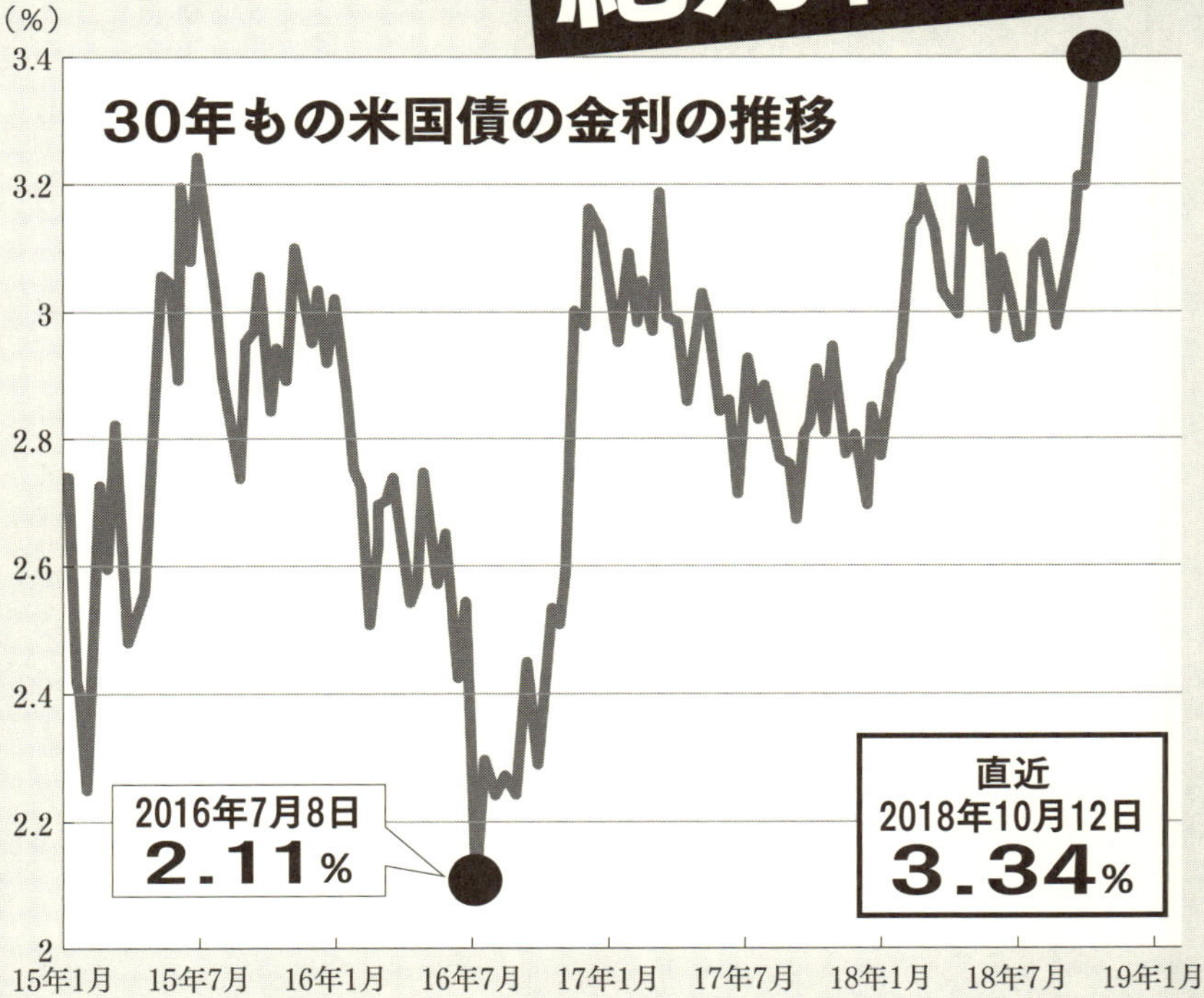

出所：FRB

アメリカ政府は、世界中から資金を米国内に還流させることで低金利を維持している。しかし、新興国が資金流出でドル資金不足で苦しむと、結局、アメリカに跳ね返る。

「黒田日銀総裁、「利上げ長期間しない」―読売」

日本銀行の黒田東彦総裁は短期金利をマイナス0・1％、長期金利を0％程度に操作している現状の金融政策について「結構長い期間にわたり、上げるという考えはない」と読売新聞のインタビューで述べた。同紙朝刊が1日に報じた。

（ブルームバーグ　2018年9月1日）

この黒田発言は、奇妙な文である。「（金利を）結構長い期間にわたり、……上げるという考えはない」と読売新聞の記者のインタビューに答えている。この黒田発言を私が、補《ほ》足《そく》して補《おぎな》って、意味が通るように完成させると次のようになる。

現状の金融政策について、「私たち日銀は、ゼロないし、マイナス金利を続けてきたが、それをやめて少しは金利をつけたい。しかし、私がそれをやると、アメリカにぶん殴られるので、これからも金利を、上げるという考えはない」となる。

日銀黒田は、このあともゼロ金利（長期金利。国債の値段）、0・1％のマイナス金利（短期金利、政策金利）を続ける、と言っている。それでも10年ものの日本の国債の利回りが０・１％台から０・２％にまで上がることは容認している。この程度なら、日本から国債崩れが起きる（始まる）ことはない、と判断している。

アメリカは長期国債を超長期債に秘密で〝洗い替え〟している

トランプが、諸外国から資金を奪い取ってくると、どうせその跳ね返り（ブローバック）がアメリカを襲う。ドル建て資金の不足に新興国（後進国）が悩むようになる。それは金融脆弱《ぜいじゃく》国（アルゼンチンやトルコ）で、金融危機となる。あるいは、ヨーロッパでもイタリアとスペインが、財政基盤が弱く信用不安（銀行破綻）につながる。それは厳重に隠されているはずの米国債の発行残高（隠れ財政赤字）60兆ドルの露見につながり、財政崩壊（ファイナンシャル・カタストロフィー）になる。

今、アメリカは、自国の財政赤字を帳簿の上だけ収《おさ》めるために、無限に発行して、今や紙切れになりつつあるドル札と、30年もの米国債（ＴＢ。トレジャリー・ビル）を、必死で長期債の50年もの、80年もの、そして、なんと１００年ものに秘密で洗い替え（ロール・オーヴァー）しつつある（Ｐ195のグラフ参照）。

金利支払い分も返せないから、それをさらに元本《がんぽん》に組み込んで、膨らませたまま100年債に切り替えつつある。「こうすれば（借り手も）文句がないだろう」という魂胆《こんたん》だ。日本経済新聞の滝田洋一《たきたよういち》編集委員が書いている。トランプ政権の発足直後のものである。これ以外には、トランプ政権と米財務省は尻尾を出していない。

「トランプの100年国債は売りか買いか」

「新たに100年債の発行を検討している」。ムニューシン米財務長官がそんなアイデアを披露した。トランプ政権の財政政策や米連邦準備理事会（FRB）の金融政策とも絡む重要テーマである。背景や影響には注意が怠れない。

（2017年）2月23日の米CNBCのインタビューで、米国の100年物国債の話は飛び出した。大型減税（引用者注。10年間で1・5兆ドル＝150兆円）を柱としたトランプ税制を8月までの議会期間中に成立させ、米経済の3％成長を実現したい。その文脈で財務長官は、超長期の国債発行に言及した。

（日本経済新聞　2017年2月26日）

中国の米国債保有額（残高）の推移

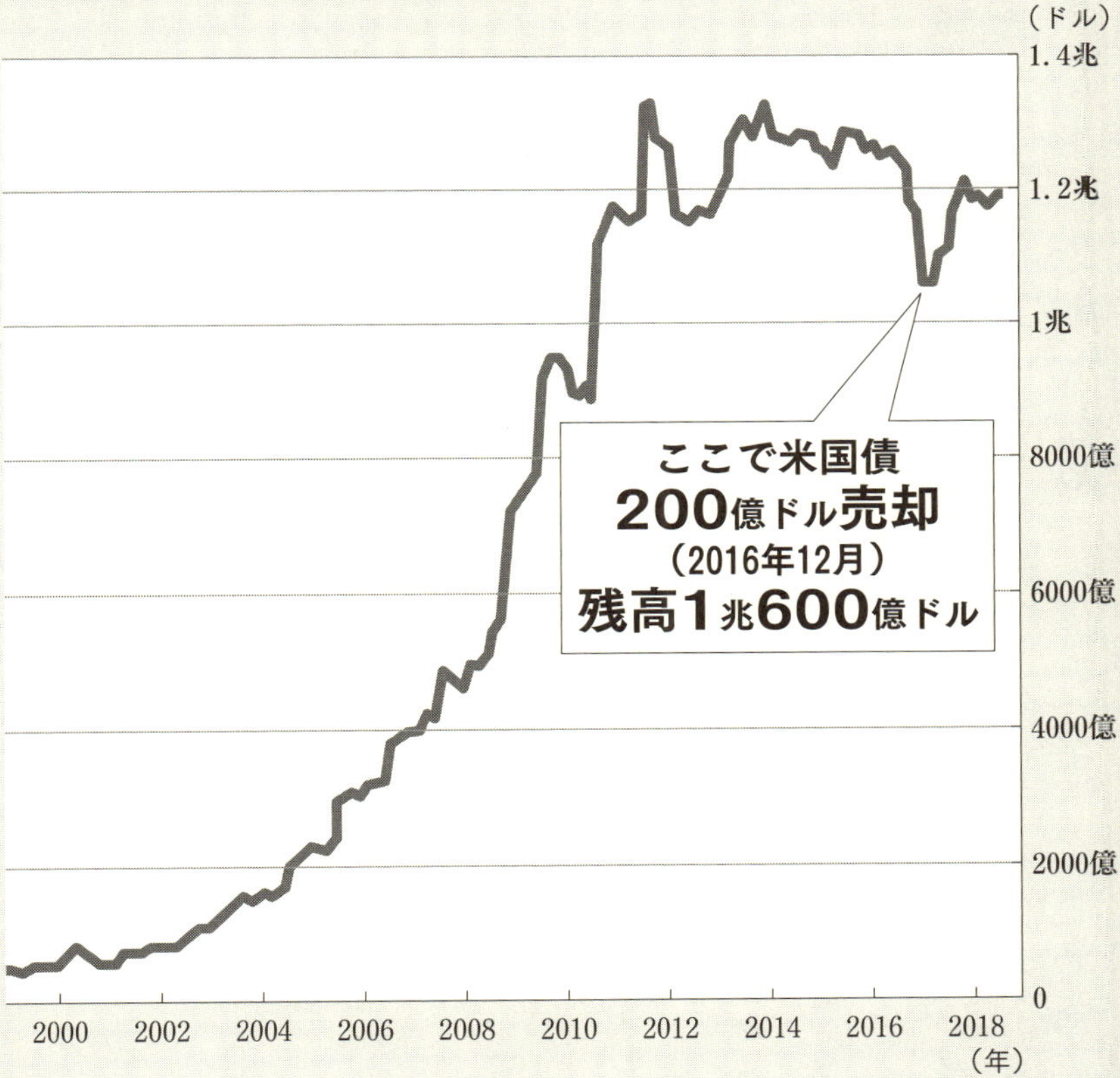

出所：Thomson Reuters DatastreamとQUICK FactSet Workstationから作成

中国が保有する米国債を少しずつでも売り始める（あるいは新規の購入をやめる）と、アメリカはじわじわとダメージを受ける。真実の中国の米国債保有額は、1.13兆ドル（130兆円）ではなくて、この10倍の14兆ドル（1600兆円）は最低でもある。

1985年に、アメリカを救《たす》けるために日本は強制的に円高にさせられた。有名な「プラザ合意」である。

あのあと2年間で、1ドル240円がちょうど2倍の120円になった。急激な円高(ドル安)であった。あのとき40兆円分ぐらいの日本国民のドル建て資金(生保《せいほ》や証券がNYで運用)が、半分に減った。日本は大損だ。そして中曽根康弘《なかそねやすひろ》政権のあとに「我《われ》、万《ばん》死《し》に値《あたい》す」と言った竹下登《のぼる》政権ができた。あれから33年が過ぎた。

そして、このプラザ合意のあとに次々に発行された30年もの米国債の償還期限(リデンプション)が、今、来つつある。それらを、100年債に切り替えつつあるようだ。

このボロ隠しが、少しでも露出、露呈すると、アメリカ国家財政の危機が満天下にバレてしまう。アメリカの財政信用と金融秩序は壊れる。

この実体のない過剰な通貨と債券の過剰発行で、その一部が株式市場に流れて現われた。これで株高をつくり、ビル・クリントン時代(1990年代)の好景気を生んだ。アメリカは立ち直った。

この過剰資金(バブル。マネー)は新興国にも流れた。これで世界の景気が良くなった。一番得《とく》をしたのは中国だ。中国に巨大な経済成長が生まれた。だが、これがいつまでも続くことはない。ある日、アメリカは信用をなくして、ドル暴落と米国債暴落（長期金利の暴騰）が起きるだろう。このことが、はっきりしてきた。

中国が、貿易戦争にからんで米国債の売りをチラつかせ始めた。中国が米国債を、NY市場で大量に売ると、NYの債券市場で大暴落が起きる。中国は、そんなバカなことはしない。自分も打撃を受けると分かっている。それでも、2016年12月には200億ドル（2兆円）を売ったことがある（P199のグラフ参照）。あんまりアメリカが勝手なことを言う（要求する）と、米国債が売られるだろう、と柔らかくアメリカを中国が脅すことはあるだろう。

●日本は衰退しつつある

私は前著『迫りくる大暴落と戦争〝刺激〟経済』（2018年5月、徳間書店）で、「資本主義（キャピタリズム）を支えているのは金利の爆発力と経済成長である。金利というものがないと資本主義は動かない」と書いた。

お金が増えるのは、金利（利子、インタレスト interest）があるからだ。お金の貸し借りに金利がつく。たとえば手元に１００万円があって、これが複利なら年利15％で5年後には2倍の２００万円になる。この、元金《がんきん》（元手《もとで》）が増えて、経済が加熱されて、社会が成長してゆくのが資本主義なのである。

だから、その国に経済成長がなければ資本主義ではない。ところが、日本は「マイナス成長」という訳のわからないコトバを使っている。日本政府（日銀と財務省）も新聞もテレビも、「マイナス成長」と平気で言う。

これは、四半期ごとに発表されるＧＤＰ（の数字）を前の期と比較して、下がっていたときに使う〝経済用語〟だ。たとえば５００兆円だったＧＤＰが、次の四半期で４９５兆円になっていたら、「1％のマイナス成長」というように使っている（５００兆引く４９5兆が5兆で、5兆は５００兆に対して1％だから）。

バカを言うな。

「マイナス」が出現するのを「成長」とは呼ばない。ＧＤＰ Gross《グロス》 Domestic《ドメスティック》 Product《プロウダクト》 すなわち「国家の総売上高」が減少して、経済規模が縮小したのだから、断じて「成長」ではない。本当は「マイナス成長」ではなく「経済衰退《すいたい》」なのである。経済成長（エコノミック・グロウス economic growth ）とは真反対の、経済衰退（エコノミック・デクライン economic decline ）が起きている。日本ではバブル経済が崩壊した1993年から、もう25年間も経済衰退（成長の逆）が起きていて、ヒドい国になっている。

●危険な金融商品に手を出してはいけない

前述したように、金利がないと資本主義はもたない。金利は指数関数的に増える。分かりやすく言えば、金貸し業者（銀行）は土日も、寝ていても貸付金に対しては金利がつく。金利の爆発力で経済は回ってきた。

中世のヨーロッパで、「ユダヤ人が来たらその都市は栄え、ユダヤ人が追放されて去って行ったらその都市は衰退する」というコトバがあった。それは、ユダヤ人たちは経済合理主義で、ものすごい勢いで金貸し業もやるけれども、市場を活性化する秘訣、秘密も握っているということである。これ以上の細かいことは説明しない。

金利はものすごく大事なのに、これをゼロにまで落として、あるいはアメリカに無理やり落とされて、日本（日銀）はここまでやってきた。1999年の速水《はやみ》優《まさる》総裁のときからである。ゼロ金利のまま、もう20年だ。いくら日銀総裁たちが「金利を上げたい」、「金利をつける」、「ゼロ金利をやめたい」と言っても、アメリカに頭ごなしに上から殴られた。それで、いつもゼロ金利にさせられて、２０１６年からはマイナス金利まで起きてしまった。ヨーロッパも同じである。

これでは成長がない。成長がないということは、資本主義が壊れることの大きな証明になる。しかも、デフレ経済が25年も続いている。もう日本の国はやっていけないぐらいヒドいところに来ている。そして、そのことを誰も書かない。「日本はもっとよくなる」とか、「大成長が来る」とか、「世界に誇る日本の時代が来る」と書いた愚か者たち、老人の評論家たちがいたが、みんな失敗して、跡形《あとかた》もなく消えていなくなった。

副島隆彦は、「気をつけなさい」、「用心しなさい」、「それは危ない」と書いてきた。「いろいろな投資をすると、ヒドい目に遭いますよ」と、注意深くためらうことや、考え直すことを助言してきた。だから私の信用は今もあるのだ。

危ないと思ったら逃げなければいけない。変なものを買ってしまっていたら、株でも投資信託でも為替の商品でも、ノックイン債でもグローバル・ソブリン・ボンドでも、投げ捨てなければいけない。

今は10年前の〝リーマン・ショック〟のときに大暴落した投資信託やノックイン債の値段が、暴落する前の水準まで戻ってきている、などと言われている。だが私は信じていない。

この7月に、金融庁が「投資信託（ファンド）を持っている人の46％は損を出している」という発表があった。つまり損を抱えたまま持っている。日本経済新聞の田村正之編集委員の記事を載せる。

「投信に「高値づかみ」のワナ　顧客の半数が損失　長期保有や積み立てカギ」

金融庁は銀行29行で3月末時点に投資信託を保有していた顧客の46％が損失を抱えていたと公表した。銀行からは「調査にはすでに投信を売却して利益を出した顧客が含まれていない」と不満の声が上がったが、実態はどうか。米国でよく使われるより精緻な指標で分析しても、やはり相場のムードに流されがちな「高値づかみ」の構図が浮かび上がった。

その指標とは「インベスターリターン（ＩＲ）」。投信の基準価格の動きと売買高から、すでに売却した顧客の実現損益を含む投資家全体の平均損益をはじき出すものだ。ある一定期間で基準価格が上昇しても、途中の高値圏で多く買われ、安値圏で多く売られていれば平均損益は悪くなる。

実は金融庁も「銀行ごとにＩＲを調査できないか模索した」（幹部）。しかしシステム上、計算できない金融機関が多く、３月末時点で投信を保有している顧客だけの調査になった経緯がある。

投信評価会社モーニングスターに依頼した集計では、３月末まで10年間の公募株式投信全体のＩＲは年率２・２％だった。この間の株高で投信の基準価格そのものは４・４％のペースで上がったが、顧客にはその半分しかリターンがなかった。

（日本経済新聞　２０１８年８月２日）

特に一番ヒドかったのは「毎月分配型」というものだ。たとえば５０００万円の投資信託を買って、毎月分配型だったら毎月30万円ずつもらえて、いいお小遣いになるという理屈だった。すると、もらった分だけ原資《げんし》（投資元金《がんきん》）が減っていく。

しかし毎月分配型は、それを組み立てた（組成《そせい》した）売主の証券会社のほうが損を出している。元本を食い込んで損が出た。すなわち基準価格が元本割れしている。それを平気で知らん顔をして、今もやっている。

儲けが出てもいないのに、払うと約束しているものだから、毎月分配で30万円を払う。ということは、最初に出した5000万円が毀損《きそん》してしまうので、解約しようとしたときには2000万円ぐらいしか手元に戻らないことになる。

それぐらい穢《きたな》らしい商品なのだ。人騙しである。だから私は、「変な金融商品を買うのはやめなさい」と助言する。

日本の小金持ち、自営業者、投資家たちは、今でも緩和マネーの恩恵を受けている。ジャブジャブ・マネー（緩和マネー、QE、クオンティテイティブ・イージングマネー）が金融市場に流れ込んで株が上がったり、土地に流れ込んで土地が上がったりした。だからそのおかげで、資産家たちは今も生きている。

しかし、もうすでにそれは限界を越した。日銀がいくら緩和マネーをやろうが、GPIFが国民の年金の金を注《つ》ぎ込んで株で博奕を張って、「5兆円儲かった」と言おうが、とにかく緩和マネーは石膏《せっこう》でできた「食えないお金」なのだ。アメリカに貢ぐために、ものすごい金額で使われている。だから国民にとっていいことは何もない。小金持ち、資産家、投資家にとっても、もうこんな国にいたら大変なことになる。

金持ちであるあなたたちが狙われている。本気で逃げる道を考えなさい。このことを私は強調しておく。

あとがき

本文で書き忘れたことを、最後に書く。この本の英文書名である「トランプ・カタストロフィ」Trump Catastrophe の由来について、である。

迫り来つつある今度の経済危機《エコノミック・クライシス》は、単なる金融危機（ファイナンシャル・クライシス）では済まない。今度襲いかかってくる危機は、各国政府の財政破綻、崩壊（ファイナンシャル・カタストロフィ）を原因とする、資本主義の全般的な危機、である。

今度は、もう１９２９年の大恐慌（The Great Depression　グレイト・デプレッション）のようなデプレッション（恐慌）では済まない。だから、カタストロフィ（崩壊）である。

1980年代の、アメリカの不況は、レーガン不況 Reagan《レーガン》 Recession《リセッション》 で済んだ。当時のロナルド・レーガン政権は、サプライサイド改善政策《ポリシー》（減税と緊縮財政）で乗り切れる、と思って失敗した。だがビル・クリントン政権（1992年から）のときに、大景気《だい》回復を達成した。ポール・ボルカーFRB議長が、悪性のインフレ退治《たいじ》の高金利政策（実に、なんとFFレート＝短期金利19％まで行った）をして、劇薬を呑ませて、アメリカ国民を苦しめて、それで達成した。

今はデフレから脱出するために、年率2％のインフレを待望しているのだ。隔世の感がある。

日本はアメリカにまんまと嵌《は》められて、1993年から25年間も続く慢性不況（デプレッション）で、ずっと不景気《リセッション》に国民が苦しんでいる。今も地獄だ。

カタストロフィ理論は、たしか1970年代末に、フランスの文明論者のルネ・トム René F. Thom が唱えた。これをイギリス人でオックスフォード大学教授のクリストファー・ズィーマン Christopher Zeeman が増幅した。

日本の人口は、このあと22年後には2000万人減って1億人になる。今の1億270

日本の人口は、どんどん減っている

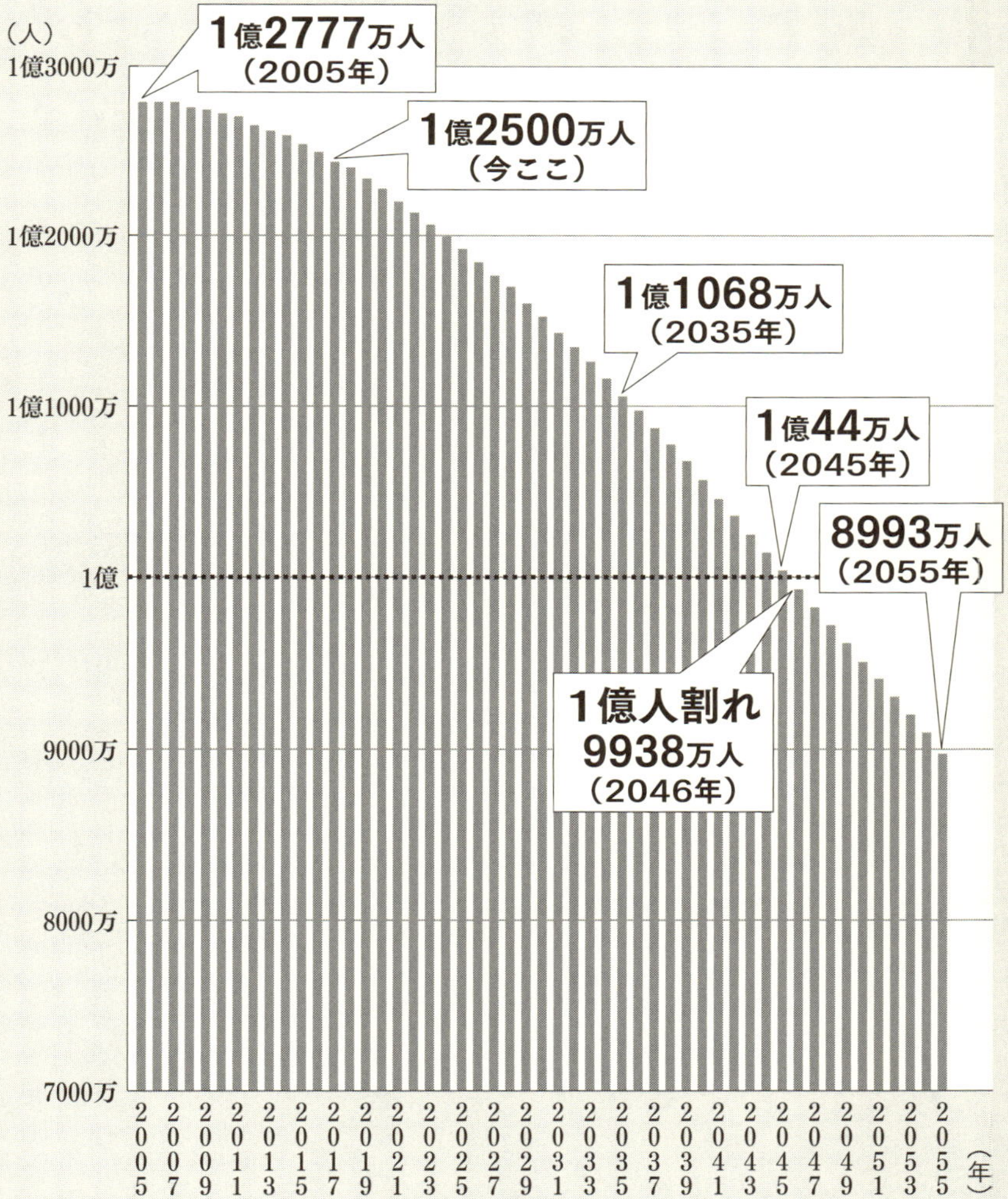

国立社会保障・人口問題研究所「日本の将来推計人口（平成29年推計）」から作成。
出生数や死亡数を中位（基準となる予測数）で推計したものである。

0万人が、2040年には、1億7000万人になる（国立社会保障・人口問題研究所）。これでは、まったく元気が出ない。

まったくヒドい国になったものだ、の慨嘆《がいたん》しか出ない。国民はしっかりしているのに。指導者（政治家）が粗悪なのだ。彼らはこの責任を自覚しない。

最後に。この本も祥伝社書籍出版部の岡部康彦氏にお世話になった。7月、8月の熱暑と、9月の暴風雨を乗り切って、できた。

副島隆彦

2018年10月

ホームページ「副島隆彦の学問道場」http://www.snsi.jp/

ここで私は前途のある、優秀だが貧しい若者たちを育てています。
会員になって、ご支援ください。

巻末特集

産業廃棄物と都市鉱山
推奨銘柄25

中国の「外国のゴミ受け入れ停止」で成長が見込まれる。

東京の都心にある産業廃棄物処理場　写真／時事通信フォト

今回、ここに載せて推薦する株式銘柄は、産業廃棄物処理業者と都市鉱山の会社の代表的なものである。先進国では現在、ゴミや汚物こそが最先端の宝物だ。以下に推奨する25銘柄は、この業界で近年、最も成長している企業たちである。

２０１７年12月31日、中国が外国からの産業廃棄物の受け入れを禁止、停止した。その半年前の7月に、国務院（政府）が「海外ゴミの輸入禁止と固形廃棄物輸入管理制度改革の実施計画」を発表していた。それが実施された。これで外国は廃プラスチックや古紙を中国に輸出できなくなった。さらに今年２０１８年の４月には、「輸入廃棄物管理リスト」として品目が追加された。これからは自動車のスクラップや廃金属も受け入れ禁止となる。

このため、これまで日本から中国に大量に持ち出していた重金属を含む電子部品のスクラップや、化学系の有害物質を含む廃棄物を、日本国内で処理しなければならなくなった。だから、ここに挙げる大手の産廃業者の成長が大いに期待されるのである。また、その兄弟企業である都市鉱山の会社も期待できる。これは「都市にある鉱山」、すなわち廃棄されたＩＴ機器の電子部品などからレアメタル、レアアースを取り出し、貴重な資源として再利用（リサイクル）を可能にする企業群である。

これらの「産廃・都市鉱山銘柄」に注目しよう。

副島隆彦

〈銘柄一覧の見方〉
①企業名の横に付した４ケタの数字は「証券コード」。
②「最近の値段」は２０１８年10月1日現在のもの。
③株価チャートは直近６カ月間。東京証券取引所他の時系列データ（終値）から作成した。
④東1＝東証1部、東２＝東証２部、東Ｍ＝東証マザーズ、ＪＱ＝ジャスダック、名２＝名証２部。

※いつも書いていますが、投資はあくまでも自己責任で行なってください。あとで私、副島隆彦にぐちゃぐちゃと言わないように。それから、この巻末だけを立ち読みしないで、本を買ってください。

1 ベステラ 1433 東1　最近の値段 1,592円

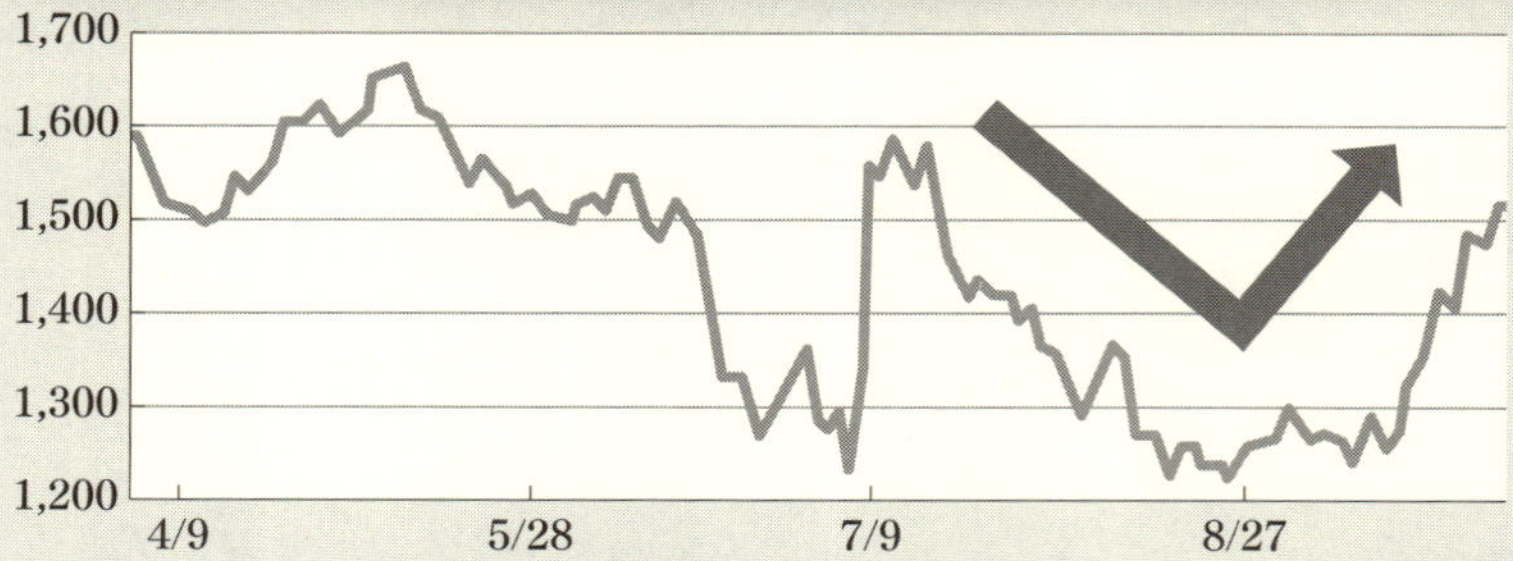

1974年創業のプラント解体業者。製鉄、電力、ガス、石油などのプラントを解体するには、高い安全性と技術力が求められる。この会社はボイラや煙突、大型建造物を解体するための特許工法を複数取得しているほか、有害物を除去する独自のノウハウがある。解体工事マネジメントで蓄積してきた経験が強みである。

2018年1月期の決算では、売上高44億9600万円、営業利益3億8600万円で増収減益。2019年1月期には売上高51億円、営業利益4億2200万円を見込む。

2 タケエイ 2151 東1　最近の値段 838円

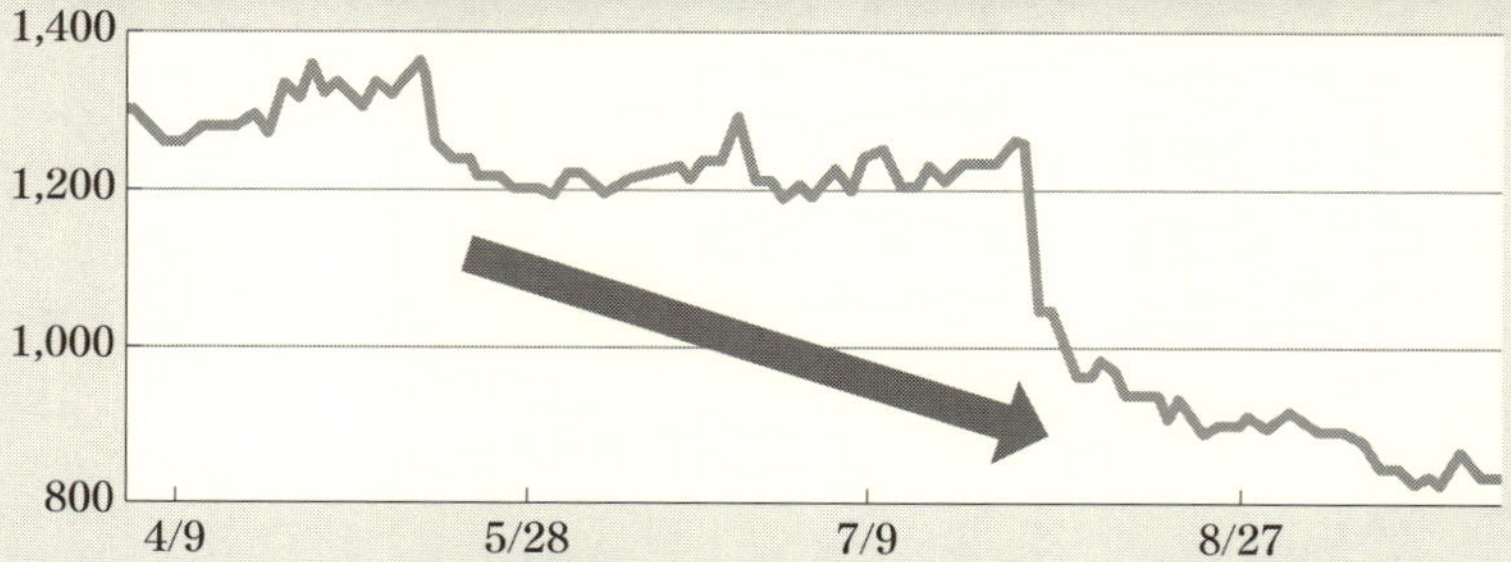

首都圏を地盤とする、産業廃棄物処理の大手。顧客は主に建設業者である。1967年に、創業者が個人事業を興して出発した。建設現場から排出される産業廃棄物の収集・運搬から、中間処理、再資源化、最終処分まで一貫処理を手がける。

売上高は2018年3月期（第38期）連結決算で310億8400万円、営業利益24億200万円、経常利益22億9200万円。来期は、売上高で7.8％増の33億5000万円を会社は予測している。

3 ダイトーケミックス 4366 東2

最近の値段 **512円**

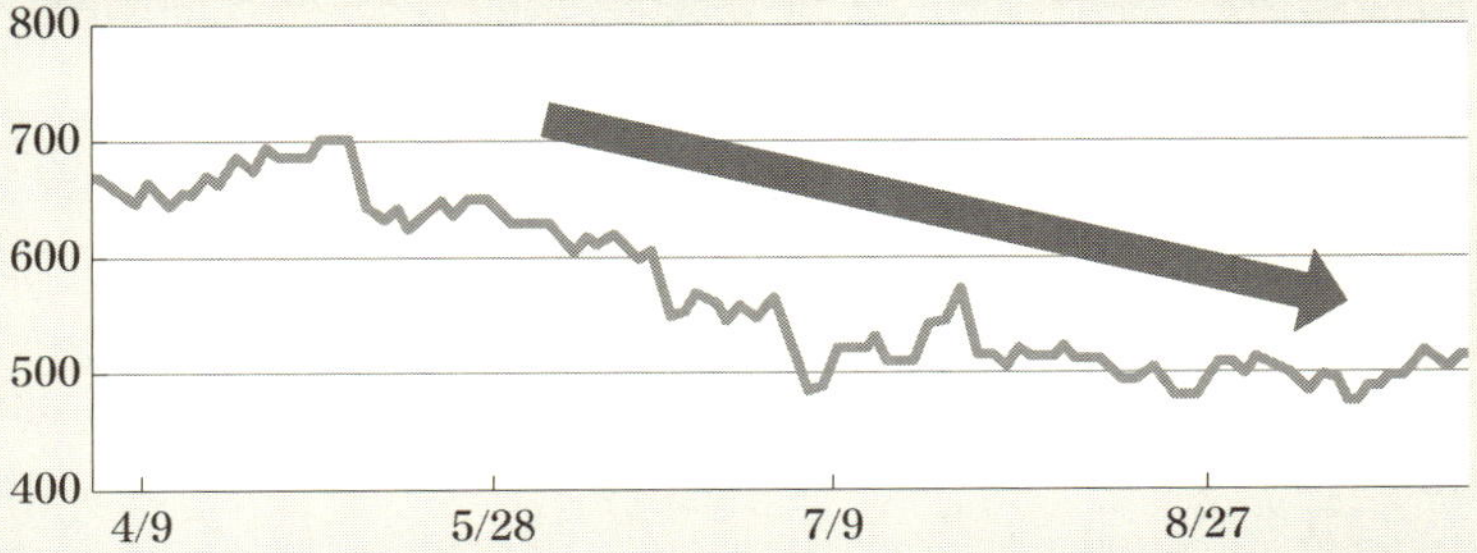

大阪市に本社を置く化学品メーカー。1949年に創業し、1996年に東証2部に上場した。主力事業は半導体や液晶向けの感光性材料と、写真材料などの化学品（化成品）。1974年に子会社の鶴見興業株式会社（現・日本エコロジー株式会社）を設立。ここで汚泥や廃アルカリなどの産業廃棄物処理を行なっている。

2017年度の廃棄物受け入れ量（中間処理）は年間合計で5万3654トンにのぼる。また、焼却処分した汚泥はセメントの原料にリサイクル生産している。韓国など海外での事業にも注力する。

4 タクマ 6013 東1

最近の値段 **1,505円**

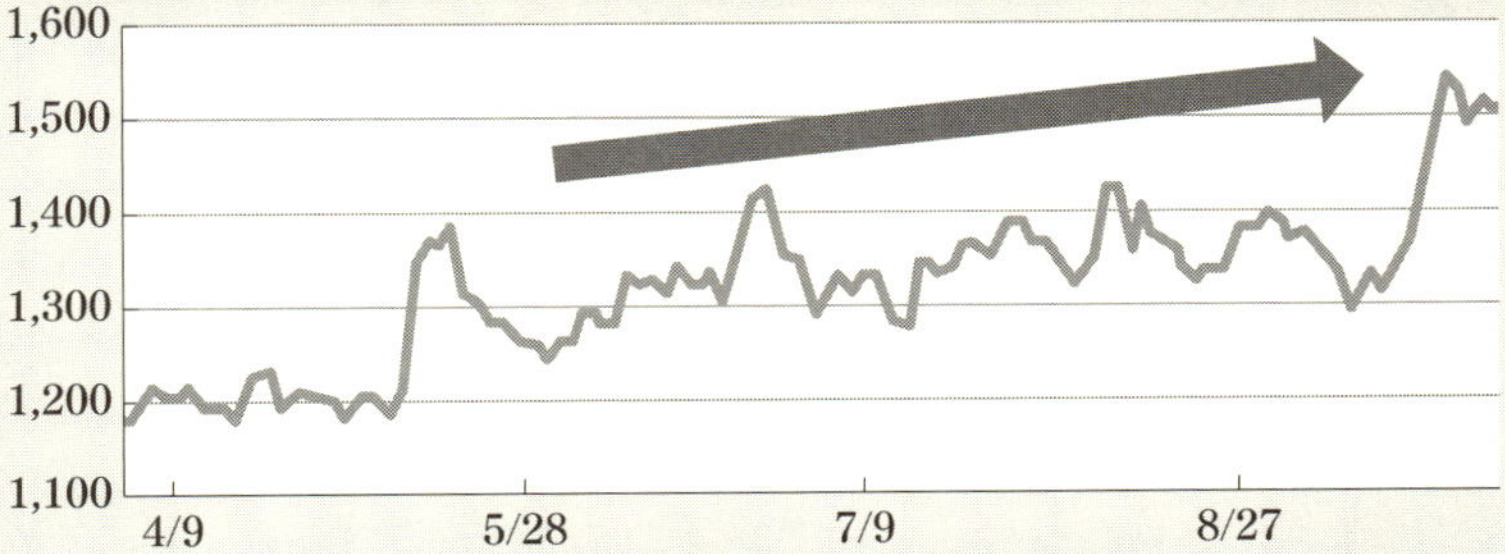

廃棄物処理プラントの大手。本社を兵庫県尼崎市に置く。社名は創業者の田熊常吉にちなむ。1963年に、日本で初めて「全連続機械式ごみ焼却プラント」を完成した。それ以来、日本国内で最も多く一般廃棄物処理プラントを建設。その焼却技術を基盤に、廃プラスチック、廃液、感染性廃棄物などの産業廃棄物処理を行なうプラントも手がける。このほかに下水処理プラント、バイオマス発電プラントなど幅広く展開している。

2019年3月期には経常利益110億円を見込む。

5 兼《かね》松《まつ》エンジニアリング 6402 東2 最近の値段 1,274円

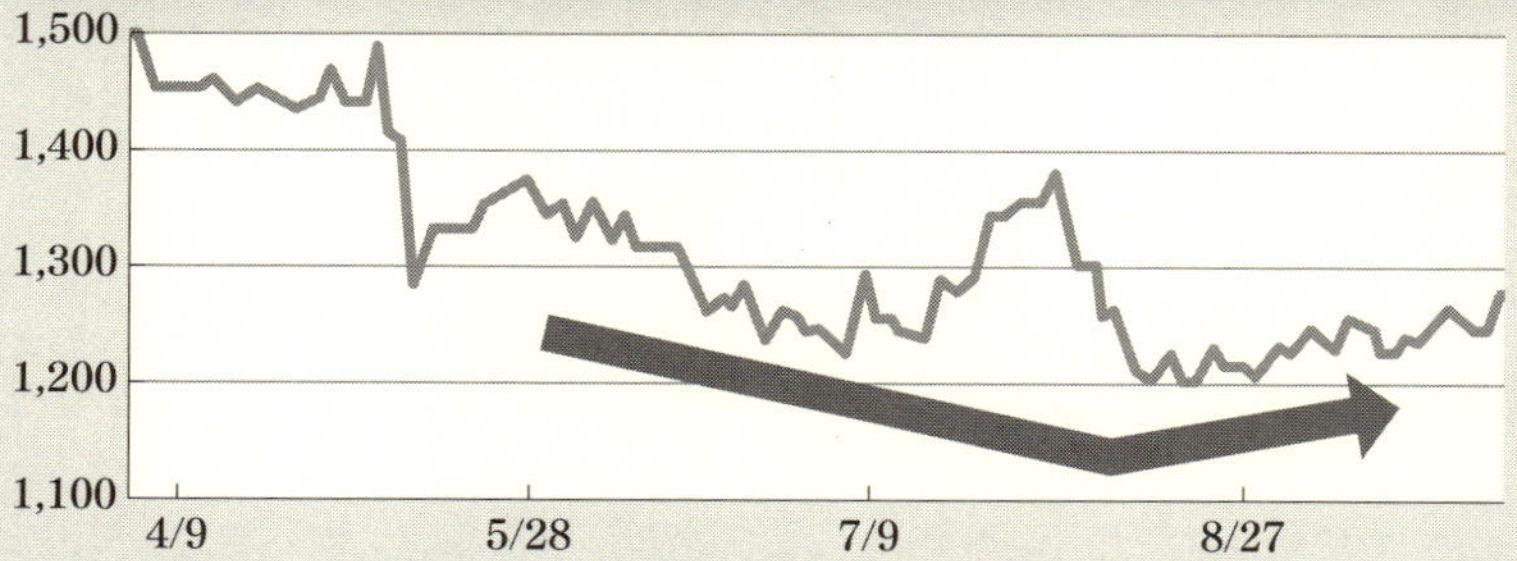

産業廃棄物処理に欠かせない「強力吸引作業車」のトップメーカーである。本社は高知県高知市で、商社の旧兼松（兼松江商。現・兼松株式会社）とは関係がない。「強力吸引作業車」という特装車は、いわゆるバキューム・カーだ。道路での側溝清掃をはじめ、土木建築現場での汚泥吸引や、工場での乾粉など各種産業廃棄物の吸引・回収に使われる。この会社は、強力吸引作業車で国内シェアの8割を占める。また、高圧洗浄や脱水に特化した車両も製造している。

6 リファインバース 6531 東M 最近の値段 1,600円

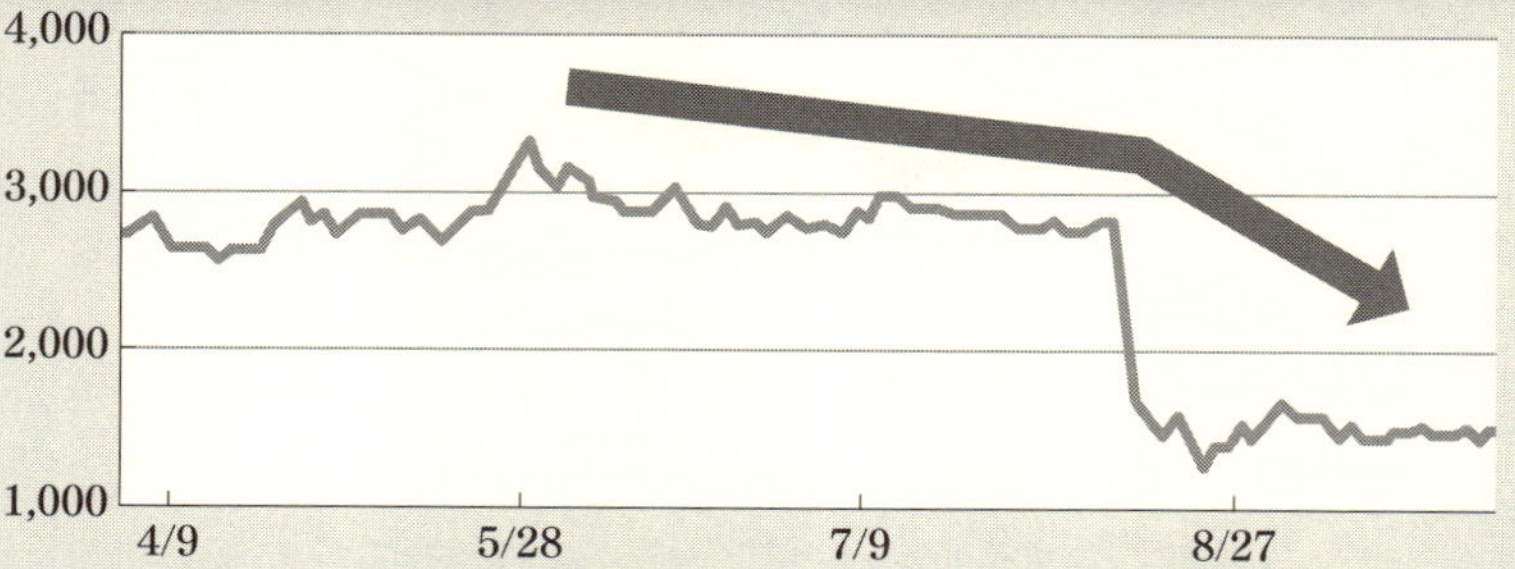

首都圏で展開する産業廃棄物処理会社。2003年、産業廃棄物処理の御美商、内装解体のベスト、産業廃棄物処理装置のライザエンジニアリングの3社が、事業持株会社リファインバースを設立。2016年、東証マザーズに上場。タイルカーペットの再資源化など樹脂再生技術が強みで、ホテルやオフィスなどのリニューアルで使用済みとなったタイルカーペットを再生し、大手メーカー向けに製品原料として販売する。

2019年6月期は売上高27億円、経常利益4000万円の増収増益を見込む。

7 ミダック 6564 名2　最近の値段 1,930円

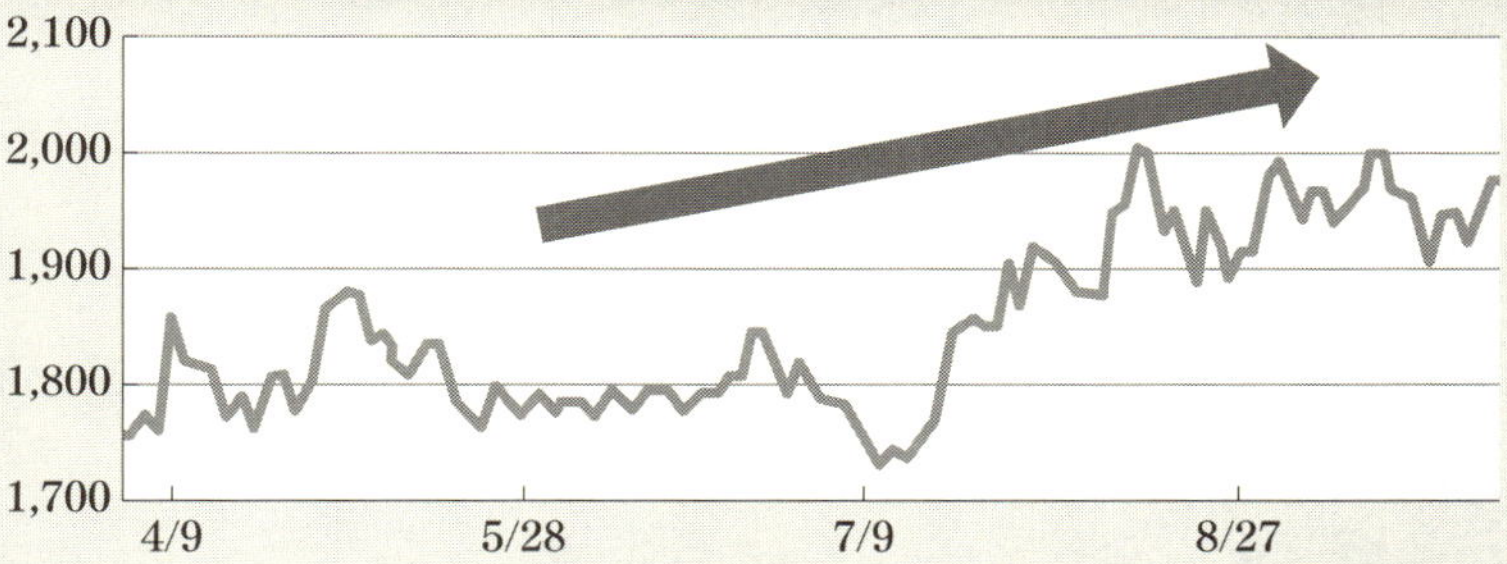

収集運搬から最終処分まで産業廃棄物の一貫処理会社。1952年に静岡県浜松市で小島清掃社を設立。1996年、ミダックへ商号変更。2017年、名証2部に上場。一般的な汚泥・廃液だけでなく、有害物質、引火性、腐食性の廃棄物にも対応する。リサイクル困難な産業廃棄物12種類を埋め立てられる管理型最終処分場と、無害な廃棄物を埋め立てる安定型最終処分場を所有する。

2019年3月期は売上高44億2700万円、経常利益9億4500万円を会社は予測している。

8 要興業《かなめ》 6566 東2　最近の値段 806円

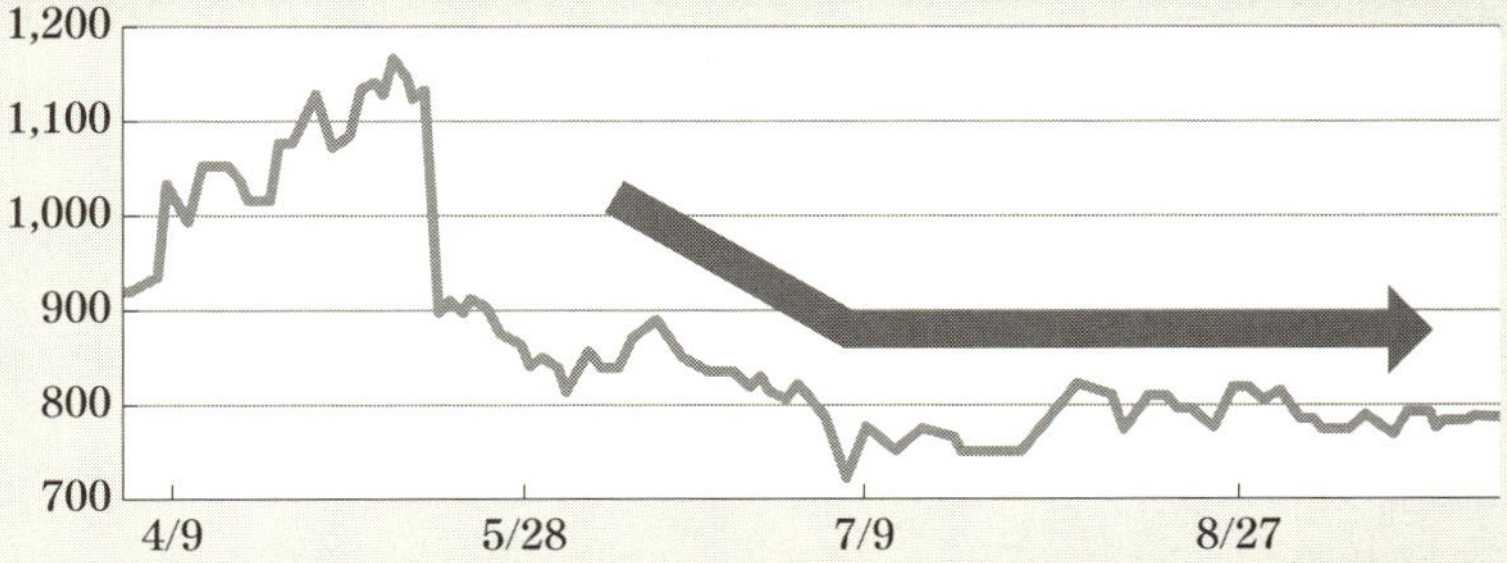

総合廃棄物処理業の最大手である。1972年に東京都豊島区要町で創業。20年後の1992年、廃棄物再生事業者登録の東京都第1号になった。2017年に東証2部に上場。

事業活動に伴う産業廃棄物と事業系一般廃棄物の「収集運搬・処分事業」と、古紙、ビン、缶などを資源化する「リサイクル事業」、東京23区で発生する不燃ごみや容器包装ごみを資源化処理する「行政受託事業」の3事業を行ない、事業廃棄物は東京23区でトップシェアである。2019年3月期は売上高110億円、経常利益7億4000万円を見込む。

9 極東開発工業 7226 東1

最近の値段 **1,798円**

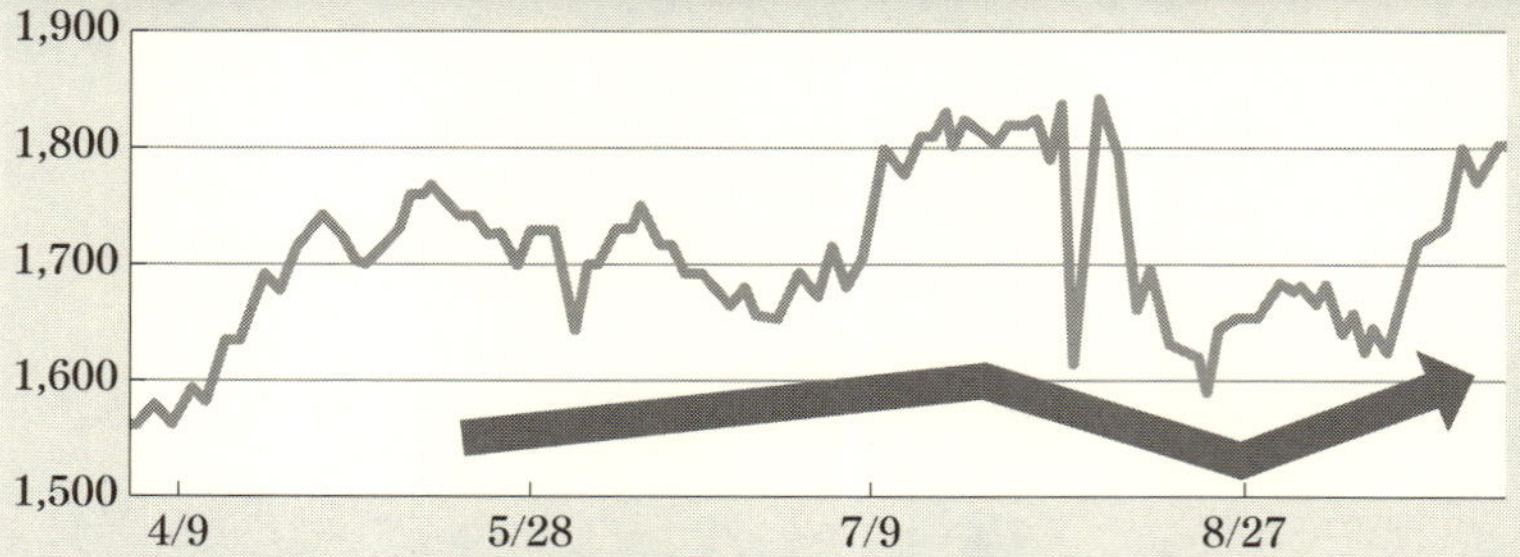

ダンプ、タンクローリー、ごみ収集車などの特装車の大手。本社を兵庫県西宮市に置く。1955年、横浜市に極東開発機械工業を設立して、特装車の販売を開始。1989年に大証2部に上場したあと、1995年には東証・大証1部に指定替え上場した。

環境事業では粗大ごみの破砕処理や、リサイクルセンターなどの施設、ガラスびん自動色選別機、ごみ収集車などの機器・装置を手がける。2019年3月期は売上高1150億円、経常利益95億円を見込む。

10 ダイセキ 9793 東1

最近の値段 **3,145円**

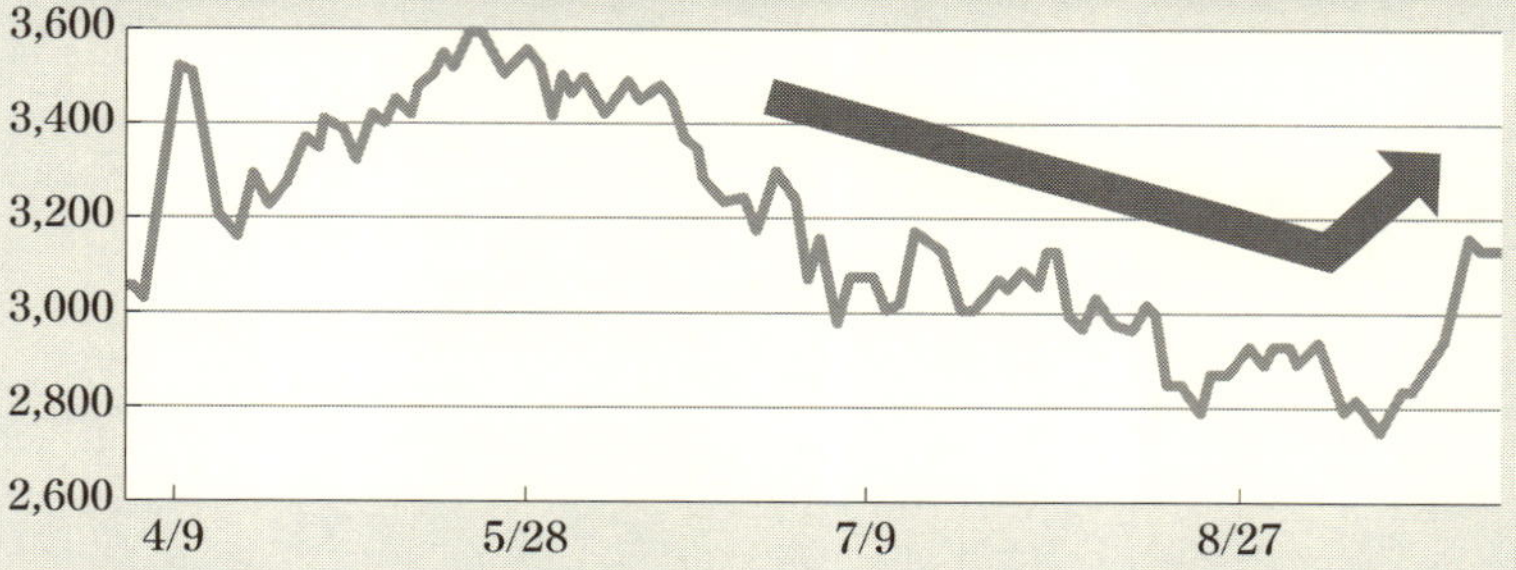

産業廃棄物処理の大手である。1958年、石油製品の製造販売を目的として愛知県名古屋市に大同石油化学工業を設立。1971年に産業廃棄物処理工場を建設し、中間処理業に本格参入した。1995年に株式を店頭公開して、2000年に東証・名証1部に上場。

液状産業廃棄物のリサイクルが強みで、廃水、廃油、汚泥などの収集運搬・中間処理、使用済みバッテリーの収集運搬・再利用、石油化学製品の製造販売を行なう。会社予想では、2019年2月期は売上高510億円、経常利益95億円の増収増益。

11 ダイセキ環境ソリューション 1712 東1 最近の値段 926円

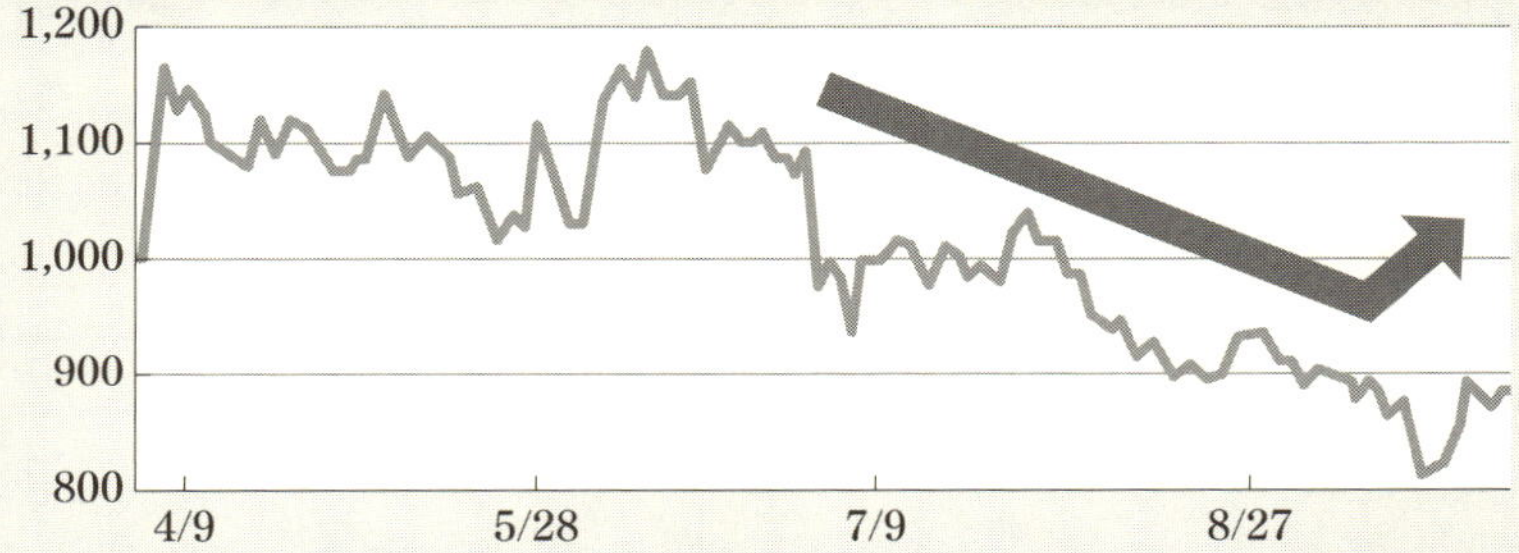

名古屋市に本社を置くダイセキグループ（右ページの⑩）の土壌汚染調査・処理会社である。1996年、ダイセキプラントを設立。2000年に土壌汚染調査・処理事業に進出した。2004年、現社名に変更し、東証マザーズに上場。2008年、東証1部に市場変更して、名証1部にも上場した。

汚染土壌の調査計画を立案するコンサルティング業務から、現地調査、サンプリングした土壌の分析、処理まで、全工程を自社で対応できるのが特徴である。2019年2月期は売上高150億円、経常利益14億7000万円の増収増益を見込む。

12 アミタホールディングス 2195 JQ 最近の値段 3,360円

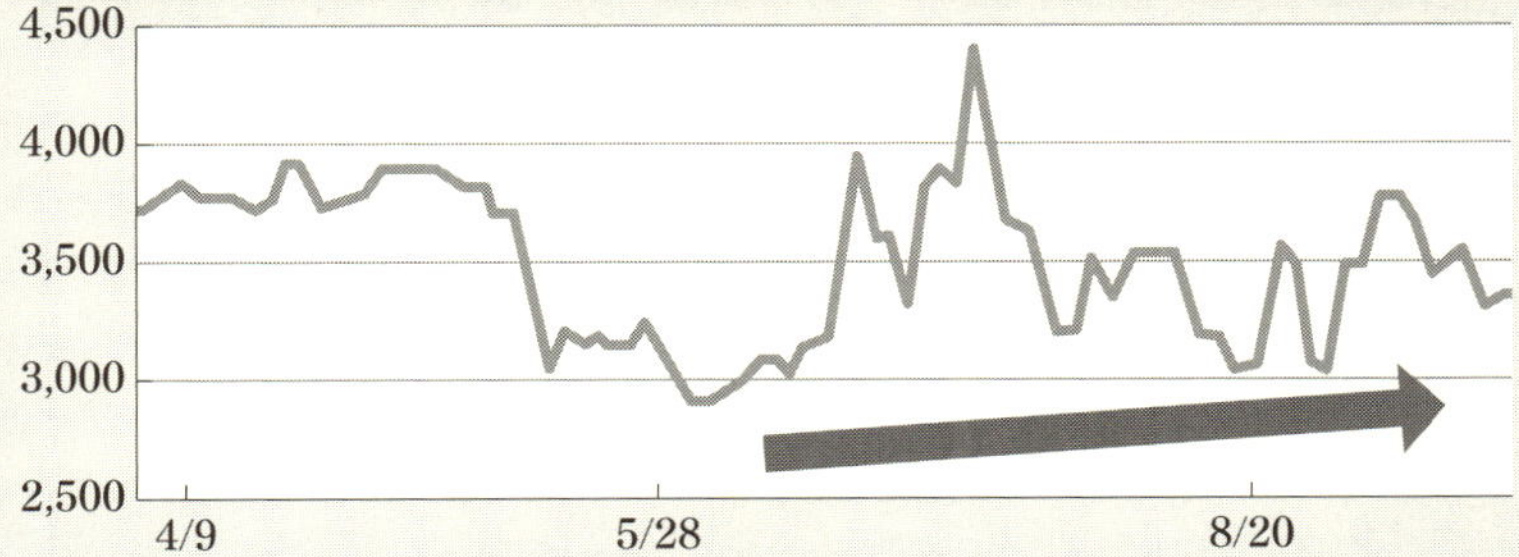

廃棄物を再資源化する大手である。本社は京都市。汚泥や廃油、金属くずなどのリサイクル事業を展開する。産業廃棄物の成分や形状によって、利用先での受け入れが困難な場合には、自社の施設でセメント原料などへの利用が可能な状態にする中間処理を行なう。

また、廃棄物処理の副産物として発生する「スラミックス」という商品を販売。これは代替燃料に使われ、この会社が特許を取得している。2018年12月期は売上高49億5000万円、経常利益1億1000万円を見込む。

13 FUJIKOH《フジコー》 2405 東2 最近の値段 439円

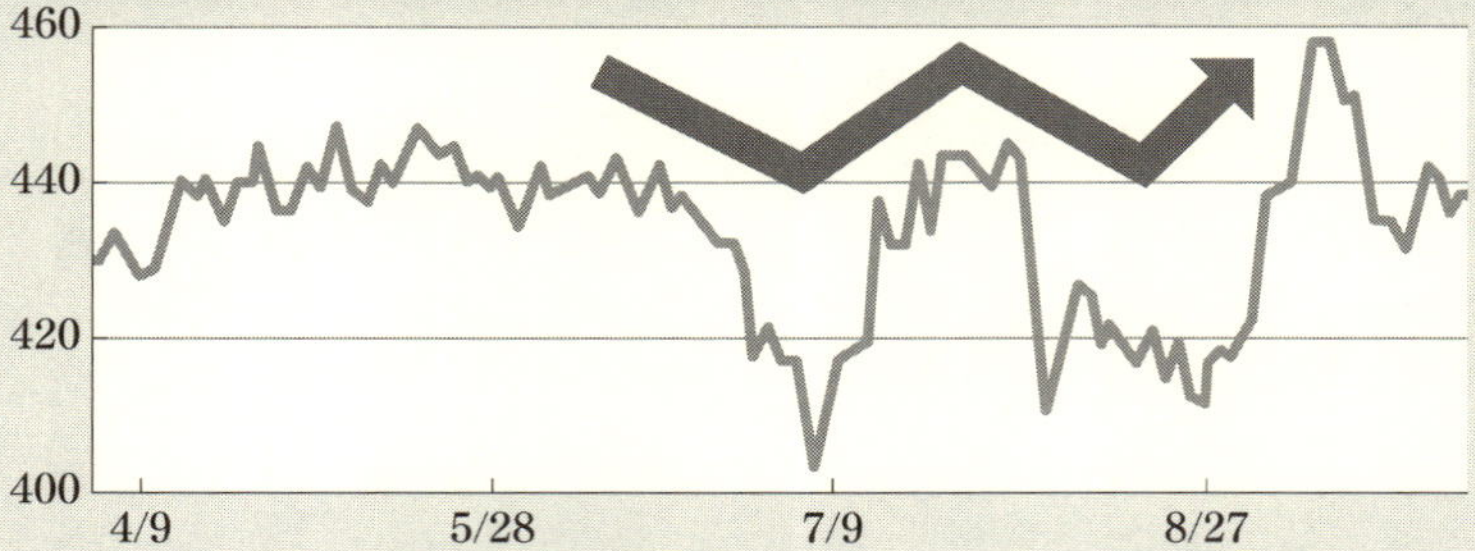

建設廃棄物リサイクルと森林発電を主力とする。1974年、東京都台東区に設立。2004年に東証マザーズに上場して、2015年には東証2部に市場変更した。

建設系リサイクル事業では、首都圏近郊の廃棄物処理会社やハウスメーカー、工場から委託を受け、処理を行なう。森林発電事業では、製材所で発生する製材くずなどの燃料化からバイオマス発電、地元の公共施設への電力供給まで手がける。2019年6月期は売上高36億5000万円、経常利益1億5000万円の増収増益を予想している。

14 ケイティケイ 3035 JQ 最近の値段 388円

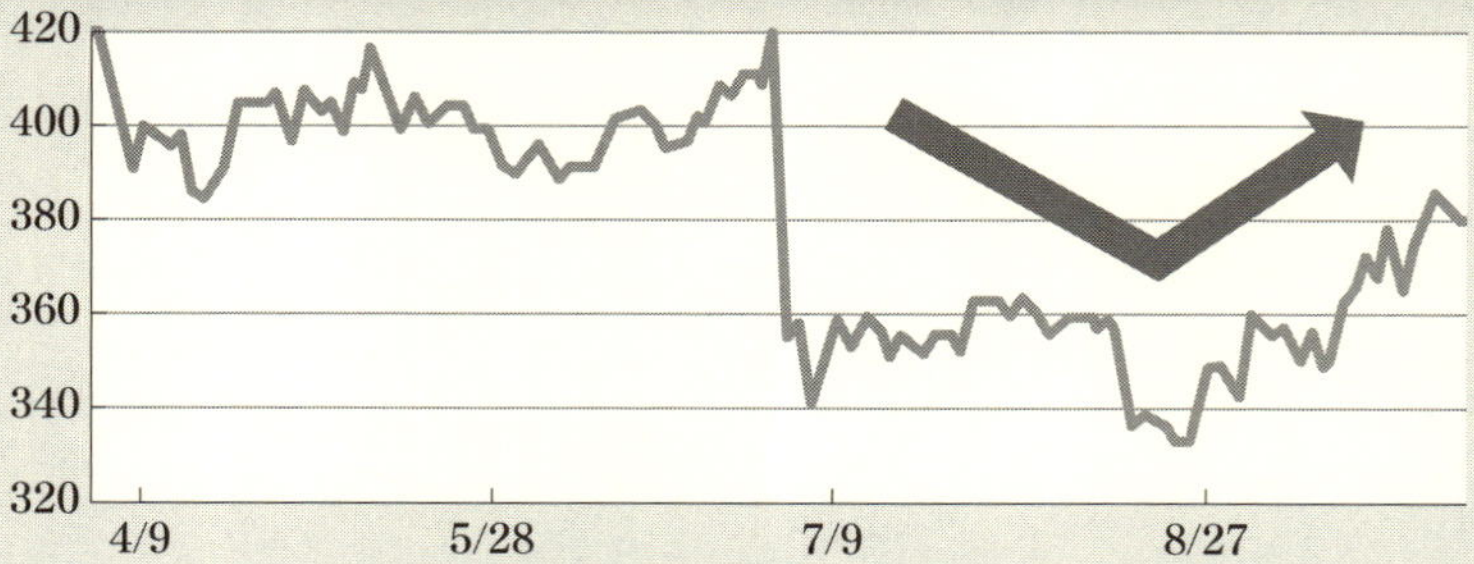

トナーカートリッジの再生販売が主力のオフィス関連商品会社。1971年、カトー特殊計紙を名古屋市に設立。2002年、現社名に変更。2006年に、東証ＪＡＳＤＡＱに上場した。

再生加工したトナーカートリッジ「リパックトナー」や、インクリボン「リパックリボン」などのリサイクル商品を販売する。そのほか、トナーや用紙、ビジネスフォームなどＯＡ機器の消耗品、オフィス関連商品を手がける。2018年8月期は売上高166億円、経常利益2億5000万円を見込む。

15 黒谷《くろたに》 3168 東1

最近の値段 516円

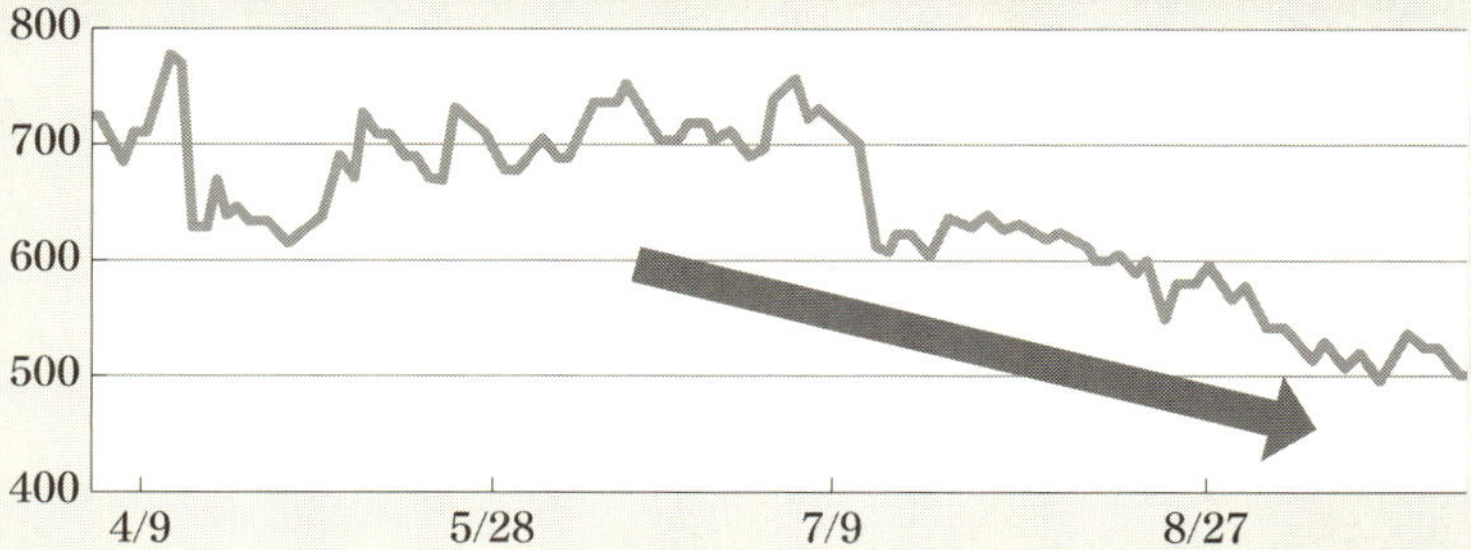

非鉄金属のインゴット（精錬したかたまり）の製造販売と、スクラップの加工販売が事業の2本柱。富山県射水市に本社を置く。2011年、東証2部に上場して、2018年に東証1部に指定替えした。

インゴットは、国内外から集荷した銅スクラップや銅合金スクラップを原料として、得意先各社のニーズ、用途に合わせた製品を生産する。スクラップは、国内外のスクラップ回収業者やメーカーなどから仕入れ、製品化して国内外の電線メーカー、銅精錬メーカーなどに販売する。2018年8月期は売上高530億円、経常利益12億5000万円を見込む。

16 ICDA《アイシーディーエイ》ホールディングス 3184 東2

最近の値段 2,241円

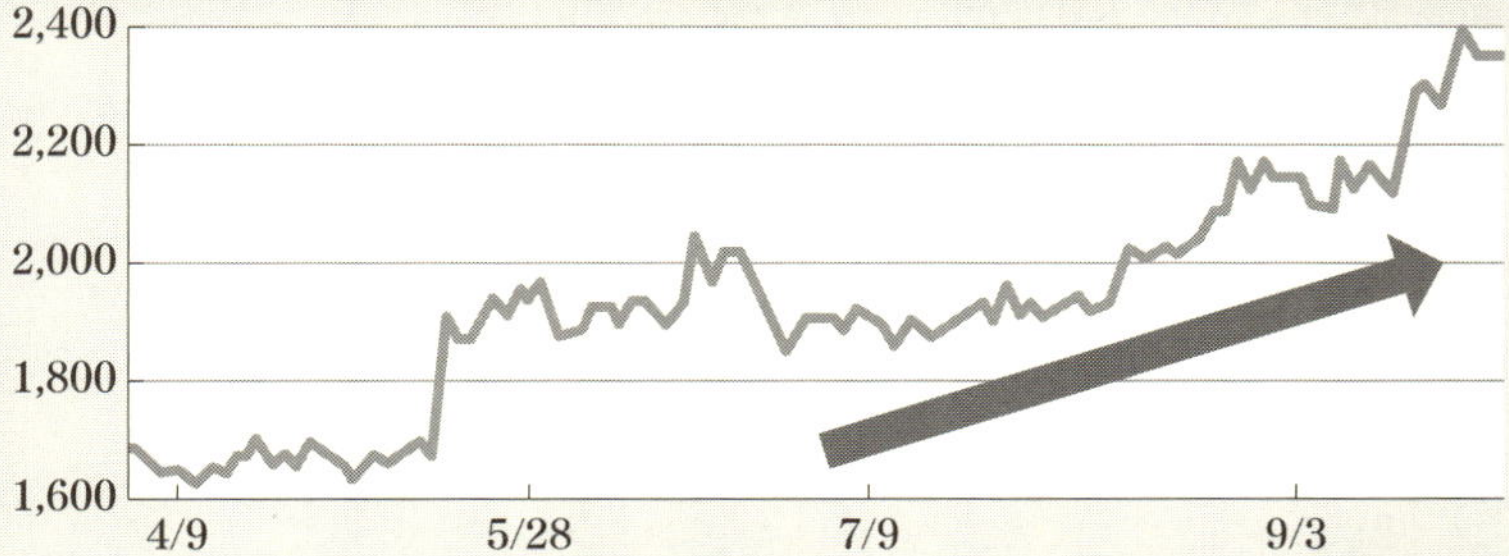

三重県を地盤としたホンダ系のディーラー。中古車販売・買取の店舗や自動車リサイクル事業なども手がける。1967年、日産自動車の新車販売を目的に向井自動車商会を設立して、1969年には本田技研工業の新車販売を開始。2009年、持株会社ＩＣＤＡホールディングスを設立した。自動車リサイクル事業では、手作業での解体を行ない、リユースパーツを生産して国内および海外に販売する。2019年3月期は売上高281億円、経常利益10億3000万円の増収増益を見込む。

17 リネットジャパングループ 3556 東M 最近の値段 1,040円

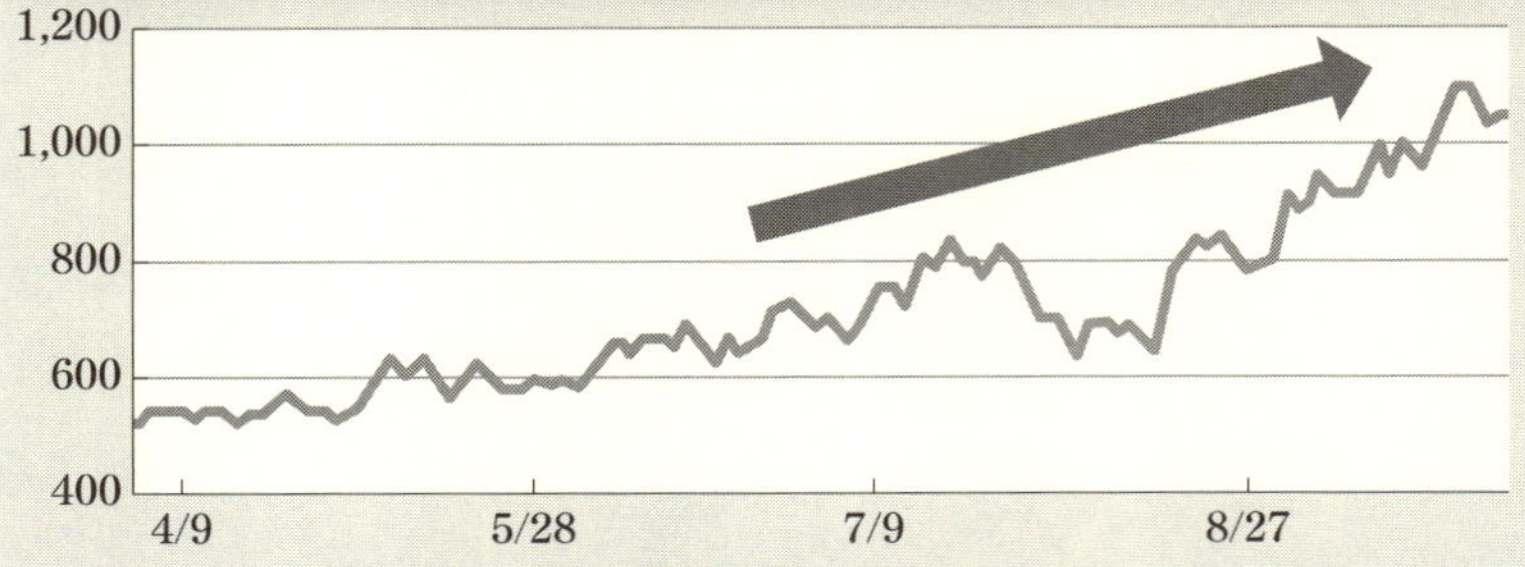

インターネットに特化し、「ＮＥＴＯＦＦ」ブランドで展開するネットリユース事業と、宅配便による使用済み小型家電の回収を「ＲｅＮｅｔ」ブランドで展開する、ネットリサイクル事業を行なう。

このネットリサイクル事業では、小型家電リサイクル法の許認可を取得し、全国の自治体と提携して行政サービスの一環として取り組んでいる。会社予想（2018年9月期）では売上高45億円、経常利益1億3000万円（前期比236％）の増収増益。

18 エンビプロ・ホールディングス 5698 東1 最近の値段 797円

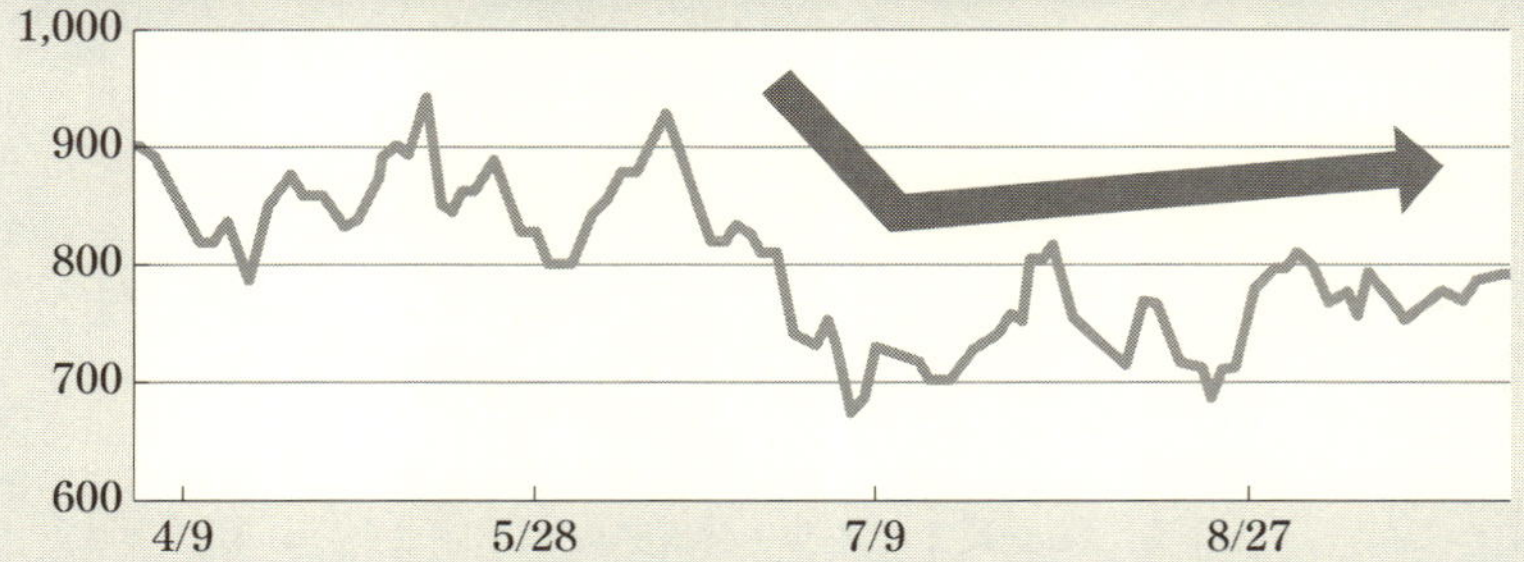

資源リサイクルの純粋持株会社。廃棄物を収集・運搬し、グループの中間処理工場で処理して、鉄スクラップ、非鉄、プラスチックなどのリサイクル資源を生産、販売する。同業者からもリサイクル資源を仕入れ、グループが全国に保有する集荷拠点に集めてから、国内外に販売する。韓国などアジアでの売り上げ比率が高い。太陽光やバイオマスなど再生可能エネルギー事業も手がける。

2019年6月期は売上高395億円、経常利益14億8000万円の増収増益を見込む。

19 イボキン 5699 JQ　最近の値段 2,490円

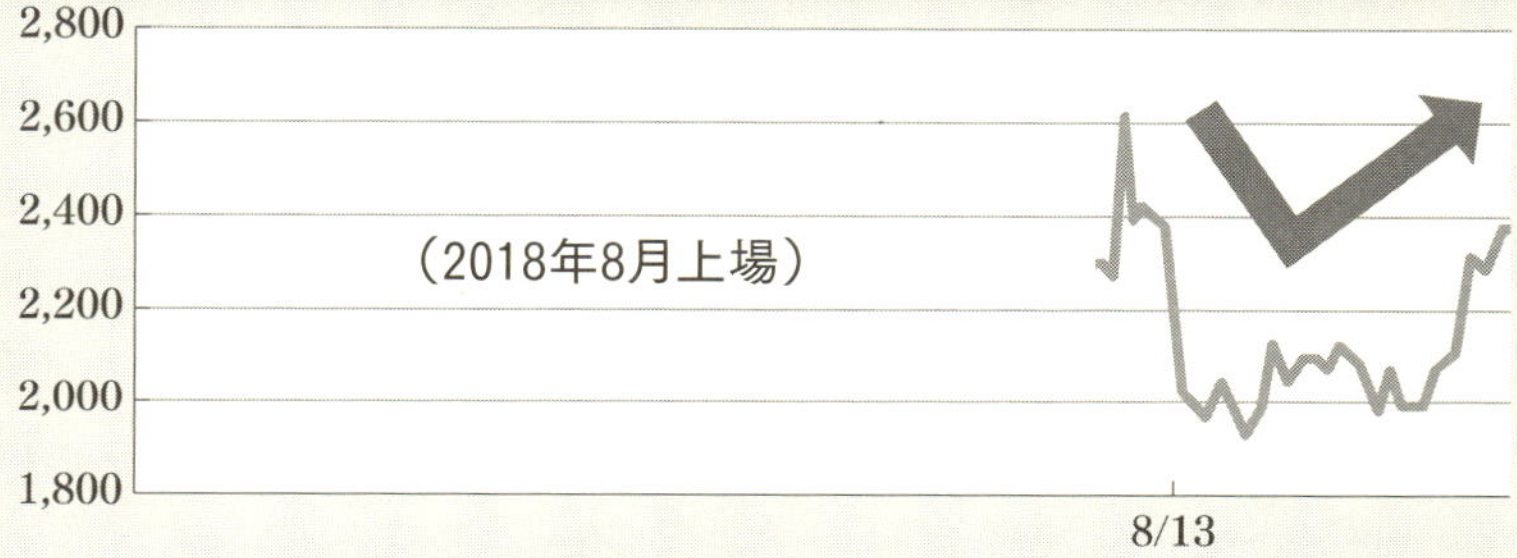

解体から廃棄物処理、金属加工までの総合リサイクル企業。1984年、揖《い》保《ぼ》川《がわ》金属を設立して、2003年に現商号に変更。2018年8月、東証ＪＡＳＤＡＱに上場した。

ワンストップサービス（1カ所で複数の作業をすること）が強みで、解体事業は建物を単に解体する工事だけではなく、発生する瓦礫などの産業廃棄物を自社の中間処理工場に持ち帰って選別・加工を施し、建築資材として蘇らせる。このほか、鉄や非鉄などの金属類は金属加工工場に持ち帰って選別・加工を行ない、金属資源として再生させている。

20 DO《ドー》WA《ワ》ホールディングス 5714 東1　最近の値段 3,660円

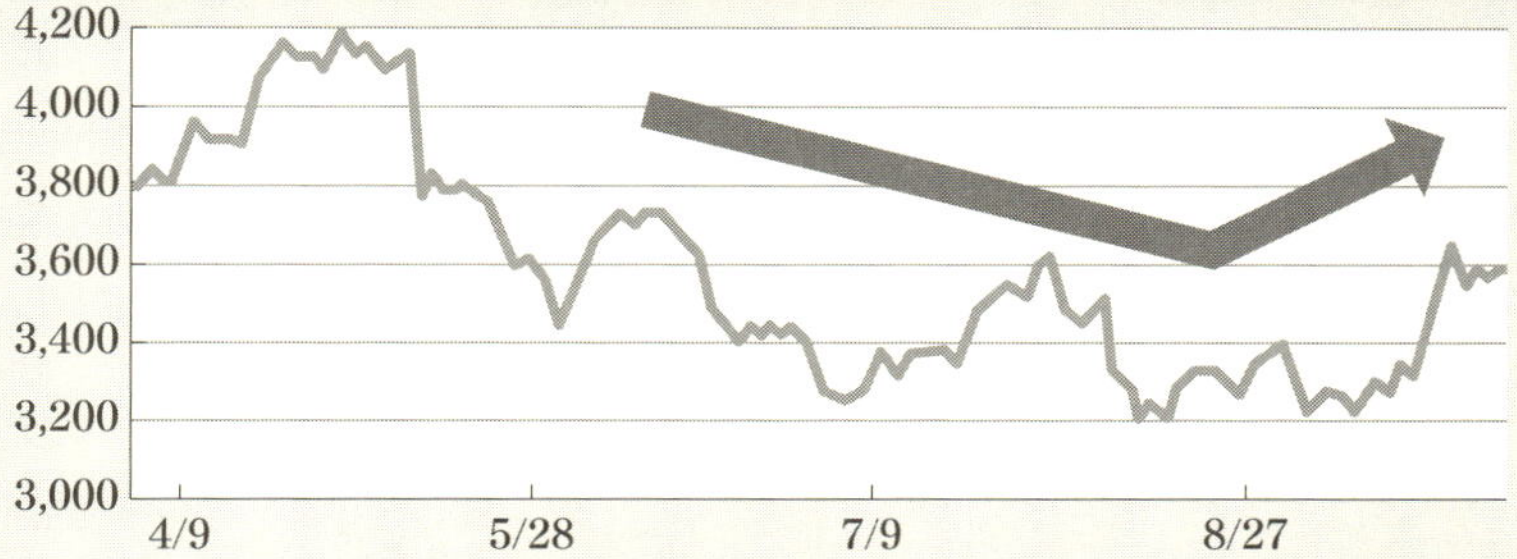

非鉄金属の製錬を主力事業として、今後の成長が見込まれる電子材料や環境・リサイクルにも注力している。創業は1884年。旧社名は同和鉱業で、2006年に持株会社制を導入して、現社名に変更した。

複雑に入り混じった、さまざまな金属を回収する技術を蓄積しており、貴金属回収に強みを持つ。環境・リサイクル部門では、廃棄物処理、土壌処理、家電リサイクルを手がける。2019年3月期は売上高4750億円、経常利益380億円の増収増益を見込む。

21 アサカ理研 5724 JQ　最近の値段 2,479円

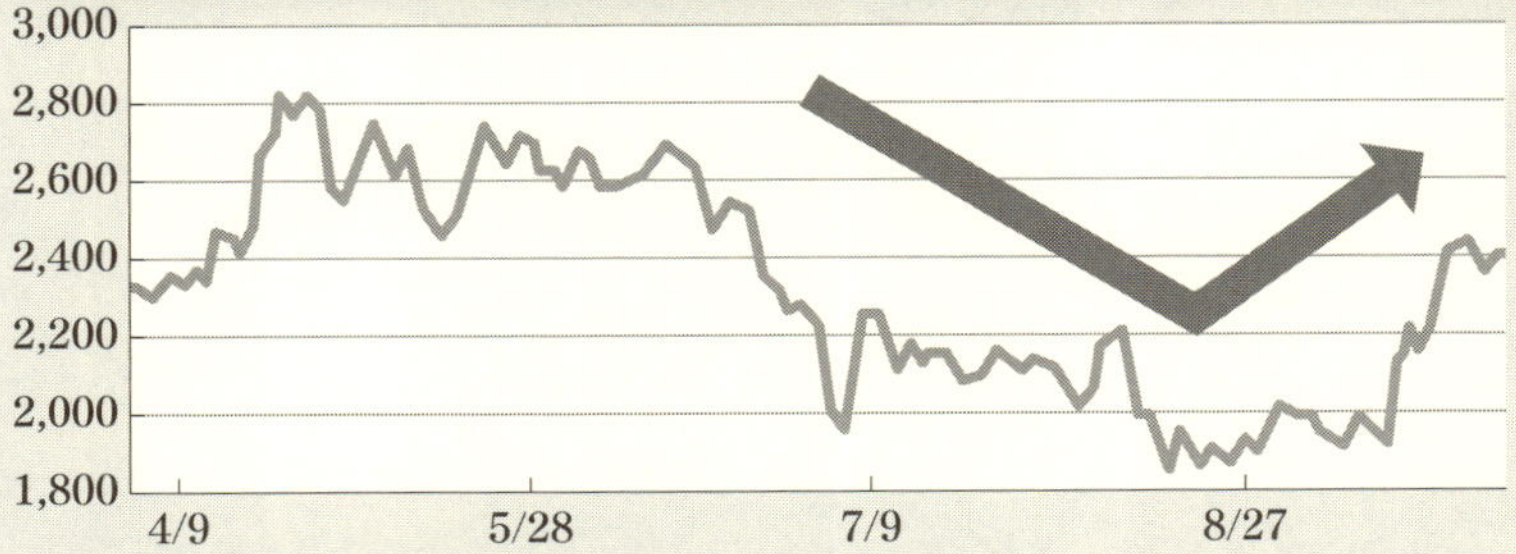

独自の技術による貴金属回収と精錬を主力とする会社。1969年設立。1971年、金（きん）の回収技術を開発し、プリント基板からの貴金属回収事業を開始した。2008年、東証ＪＡＳＤＡＱに上場。

電子部品メーカーや宝飾品メーカーなどから集荷した基板くず、不良品、廃棄品から金、銀、白金、パラジウムなどの貴金属を分離・回収し、返却または販売する貴金属事業を展開する。直近の業績予測（2018年9月期）では売上高89億円、経常利益4億2000万円の増収増益。

22 アサヒホールディングス 5857 東1　最近の値段 2,065円

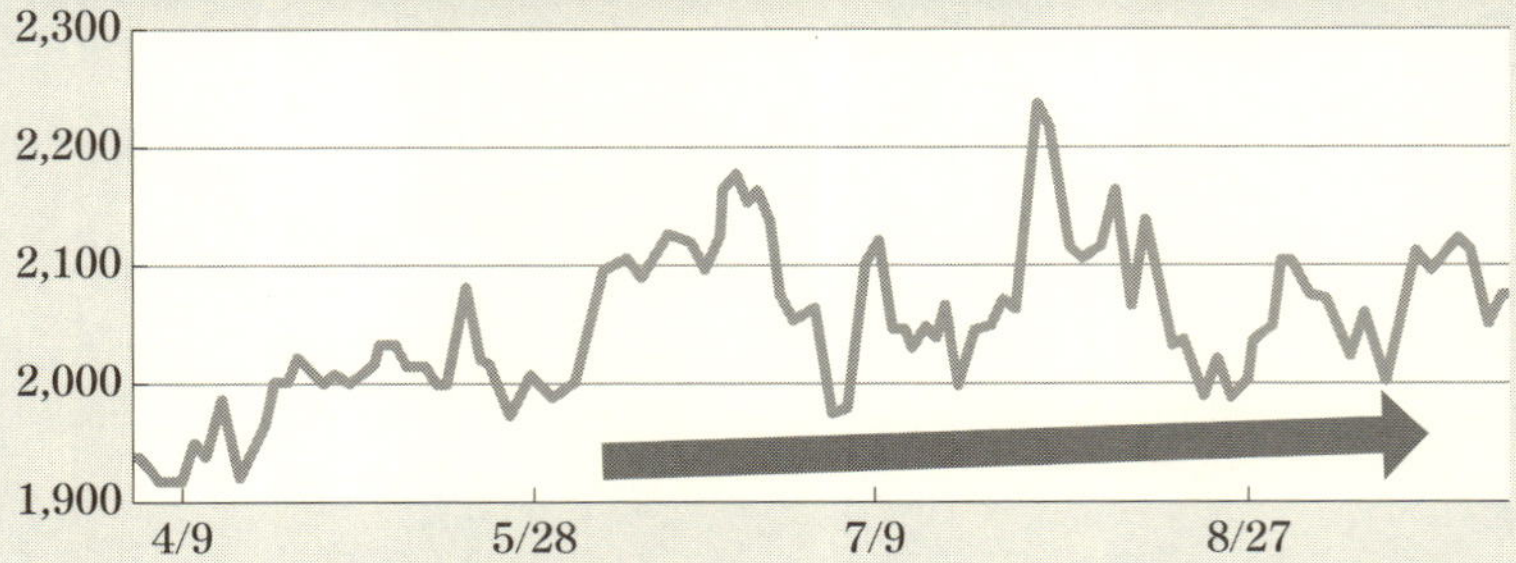

貴金属と希少金属（レアメタル）をリサイクルする貴金属事業が主力。2009年、貴金属リサイクル事業のアサヒプリテックと環境保全事業のジャパンウェイストの持株会社として設立した。

貴金属事業では、電子材料、歯科材料、宝飾、自動車触媒など多様な分野からスクラップを回収。このスクラップに含まれる貴金属や希少金属を分離・精錬し、地《じ》金《がね》製品として販売する。環境保全事業は、産業廃棄物の収集・運搬や中間処理を行なう。2019年3月期には売上高1200億円、営業利益142億円の増収増益を見込む。

23 神《しん》鋼《こう》環境ソリューション 6299 東2　最近の値段 1,940円

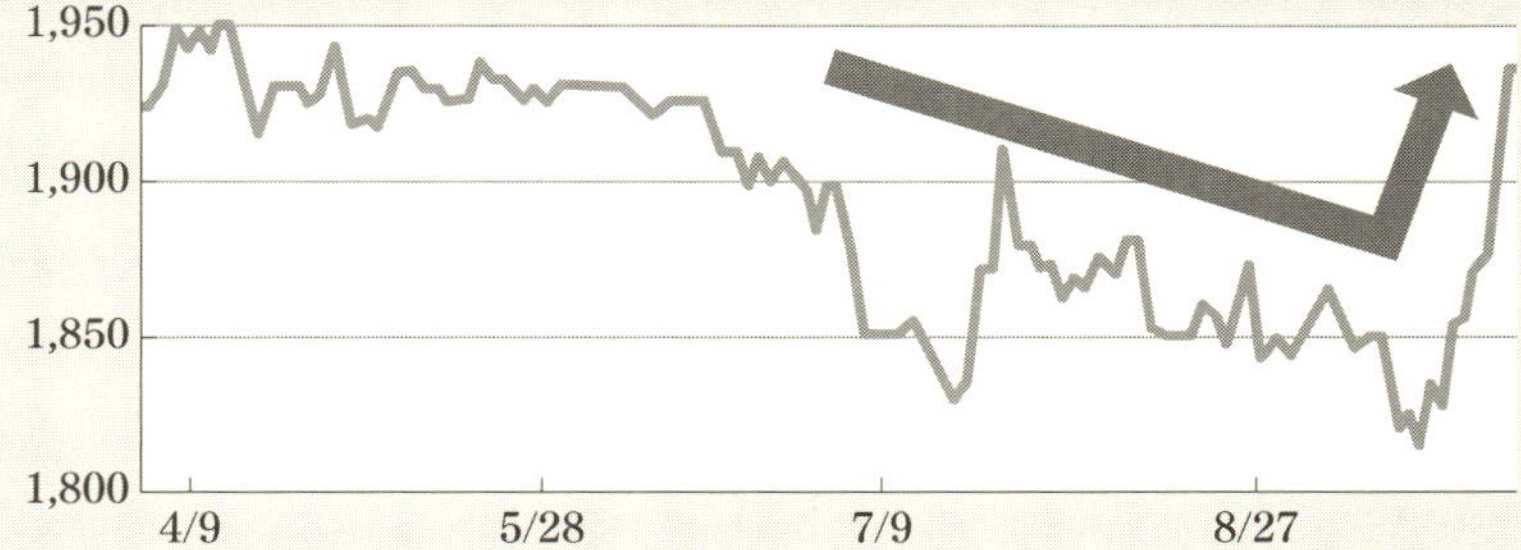

神戸製鋼所（Ｋ《コ》ＯＢ《ベ》ＥＬ《ル》ＫＯ《コ》）グループの環境装置メーカー。水処理関連事業と廃棄物処理事業を主軸とする。

水処理では工業用水や上・下水道の設備と装置、超純水・純水の製造設備、工場用水および廃水の処理装置などが主要な製品。廃棄物処理では、都市ごみの焼却・溶融施設、粗大ごみ・廃家電などの各種リサイクル設備などを提供する。2019年3月期は売上高840億円、経常利益33億円を見込む。

24 松田産業 7456 東1　最近の値段 1,596円

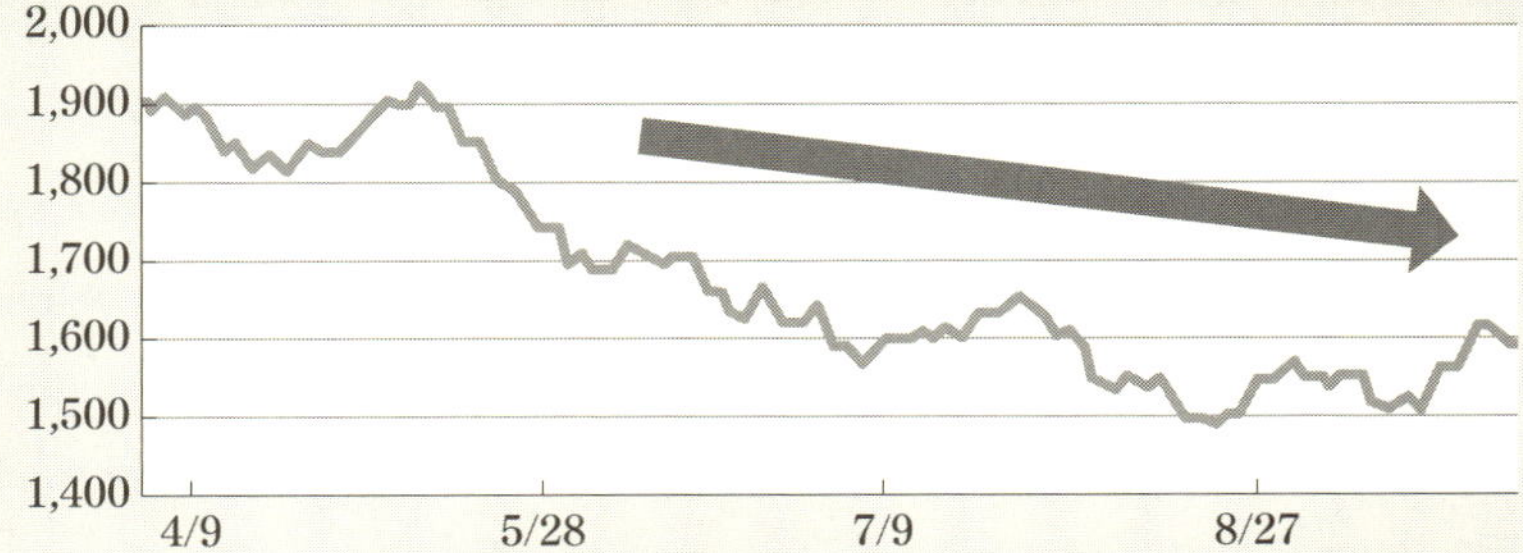

貴金属をリサイクルする貴金属部門と、廃酸・廃アルカリなどの産業廃棄物を無害化する環境部門からなる貴金属関連事業が主力。電子部品・半導体の製造工程で発生するスペックアウト品（規格に合わないもの）などの貴金属を含むスクラップを国内外の企業から回収する。これを処理、精錬・精製し、ふたたび電子材料向けメッキ用化成品、薄膜形成材料などの貴金属材料や貴金属地金に製造して、販売する。東アジアにも原料回収、製品供給のネットワークを持つ。2019年3月期は売上高2000億円、経常利益52億円の増収増益を会社は予想する。

25 エフピコ 7947 東1　最近の値段 6,820円

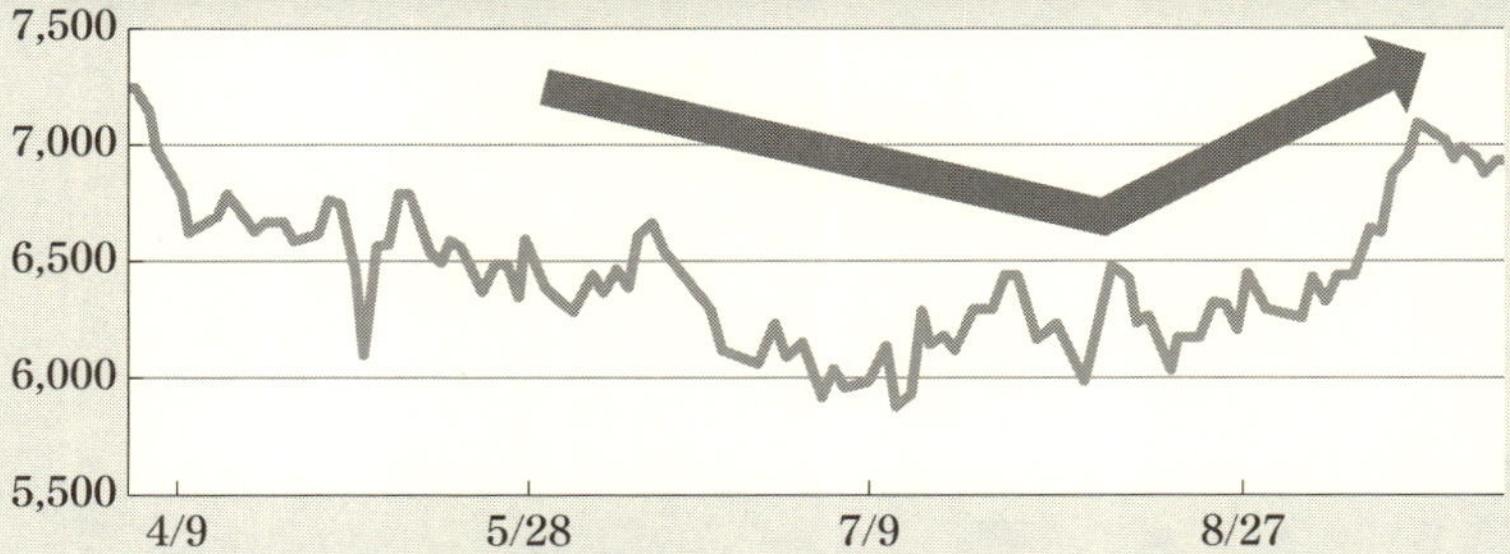

食品トレイ、弁当・惣菜容器のトップメーカー。1990年、使用済みトレイの回収リサイクルを開始。2010年には、使用済みペットボトルのリサイクルプラントを導入した。サプライチェーン・マネジメント（ＳＣＭ）システムを取り入れて、営業部門の販売計画をもとに生産計画を立案し、資材の調達計画、製品の供給計画・在庫計画までを一元管理する。

使用済み容器の回収・リサイクルにも注力しており、これを「エコトレイ」として再生産している。2019年3月期は売上高1790億円、経常利益148億円の増収増益を見込む。

切りとり線

★読者のみなさまにお願い

この本をお読みになって、どんな感想をお持ちでしょうか。祥伝社のホームページから書評をお送りいただけたら、ありがたく存じます。今後の企画の参考にさせていただきます。また、次ページの原稿用紙を切り取り、左記編集部まで郵送していただいても結構です。

お寄せいただいた「100字書評」は、ご了解のうえ新聞・雑誌などを通じて紹介させていただくこともあります。採用の場合は、特製図書カードを差しあげます。

なお、ご記入いただいたお名前、ご住所、ご連絡先等は、書評紹介の事前了解、謝礼のお届け以外の目的で利用することはありません。また、それらの情報を6カ月を超えて保管することもありません。

〒101―8701（お手紙は郵便番号だけで届きます）
祥伝社　書籍出版部　編集長　萩原貞臣
電話03（3265）1084
祥伝社ブックレビュー　http://www.shodensha.co.jp/bookreview/

◎本書の購買動機

＿＿＿＿新聞の広告を見て	＿＿＿＿誌の広告を見て	＿＿＿＿新聞の書評を見て	＿＿＿＿誌の書評を見て	書店で見かけて	知人のすすめで

◎今後、新刊情報等のパソコンメール配信を　　希望する　・　しない

◎Eメールアドレス　※携帯電話のアドレスには対応しておりません

@

100字書評

「トランプ暴落」前夜

住所

名前

年齢

職業

「トランプ暴落《ぼうらく》」前夜《ぜんや》
破壊される資本主義

平成30年11月10日　初版第1刷発行

著　者　副《そえ》島《じま》隆《たか》彦《ひこ》
発行者　辻　浩明
発行所　祥《しょう》伝《でん》社《しゃ》
〒101-8701
東京都千代田区神田神保町3-3
☎03(3265)2081(販売部)
☎03(3265)1084(編集部)
☎03(3265)3622(業務部)

印　刷　堀内印刷
製　本　ナショナル製本

ISBN978-4-396-61666-3 C0033
Printed in Japan
祥伝社のホームページ・http://www.shodensha.co.jp/

副島隆彦の衝撃作

2012年刊

ぶり返す世界恐慌と軍事衝突

大災害の次に恐慌、そして戦争が80年周期で人類を襲う！

Return to War Economy
&
Military Collisions

祥伝社

副島隆彦のベストセラー

2014年刊

官製相場の暴落が始まる

相場操縦《マーケット・マニピュレーション》しか脳がない 米、欧、日 経済

株も債券も為替も、市場価格は政府に操作されている。
2015年8月暴落を予言した問題作！

Governments' Market Manipulation

祥伝社

副島隆彦の衝撃作

2016年刊

ユーロ恐慌

欧州壊滅と日本

トランプ大統領誕生の予測的中！
世界経済はこう動く！

Brexit After-Shocks

祥伝社

副島隆彦の話題作

2017年刊

銀行消滅

新たな世界通貨体制《ワールド・カレンシー》へ

仮想通貨の登場。次なる金融市場のフロンティアはどこにあるのか？

祥伝社

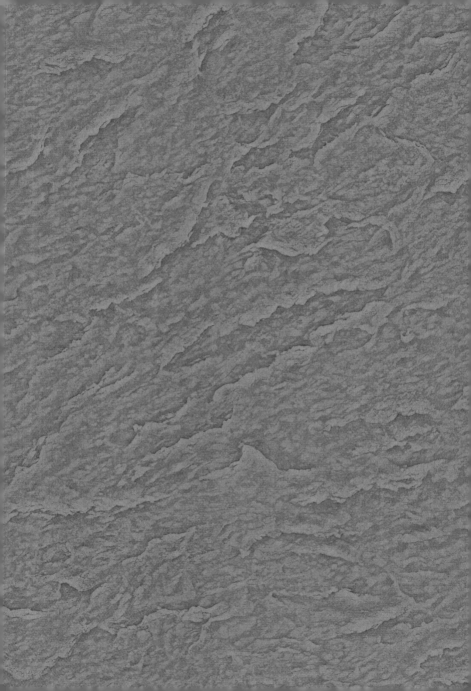